その敬語、盛りすぎです！

前田めぐる

青春新書
INTELLIGENCE

はじめに

本書でいう「盛りすぎ」には、二つの意味があります。一つ目は、過剰な敬語。言葉そのものの盛りすぎです。二つ目は、自分を必要以上に良く見せようとする盛りすぎ。炎上や誹謗中傷を招かないよう自己防衛本能が働くのでしょう。SNS時代ならではの背景が色濃く影響していると考えられます。

例えば事件の感想を求められて「犯人の方《かた》」と言ってしまうのは感心しません。結果的に犯人を敬うことになり、盛ったつもりが盛れないという逆転現象を引き起こしてしまうからです。他にも、周囲に気を使いすぎたり空気を読みすぎたりすることで、誤用や誤解が生じる例は多々あります。尊大な印象を与えてしまったり、相手との距離を縮めたいのに遠のいてしまったり……盛りすぎによるダメージは決して小さくありません。

そんな盛りすぎが気になる私は、マナー講師でもアナウンサーでもありません。敬語マニアのコピーライターです。長年言葉をツールに、生活者と企業のコミュニケーションを発想し続けてきました。近年は文章術講師として、生活者と自治体・企業のコミュニケーションを深める言葉を伝えています。

言葉は人と人をつなぐ糸。ちょっとした違和感があれば、その言葉を解きほぐし、紡ぎ直します。大切なのは、正しさ以上に「ほどのよさ」。盛りすぎないほどよい敬語を生かせたら、目の前にいる相手を大事に思う気持ちを率直にさりげなく表せます。

ビジネスにおいても、ごまかしのない本質を捉えた会話が成り立つでしょう。「この人とまた会いたい」「こんな人に仕事を頼みたい」と思われたり、ふとした瞬間に心地よい空気が流れたり……盛りすぎないからこその誠実さと潔さがもたらす恩恵です。

この本は、気の向くままにパッとめくってどこからでもお読みください。敬語の盛りすぎを見直すきっかけになれば、うれしく思います。

執筆にあたり、青春出版社プライム涌光編集部の野島純子さんに大変お世話になりました。「定食屋さんで『焼き魚定食になります』と言われたら、今から焼き魚になるの？　まさか生魚が来るの？　と思いますよね」。私がそう口走ったとき、野島さんの瞳がキラリと光ったことがこの本の始まりでした。貴重な機会に心から感謝しています。

前田めぐる

目次

2章 その敬語、へりくだりすぎです

3章 その敬語、失礼すぎです

4章 その敬語、流されすぎです

カバーイラスト　坂木浩子
本文デザイン　岡崎理恵

1章

その敬語、盛りすぎです

炎上や誹謗中傷を恐れるあまり、
敬語が大盛りになっていない？
バカ丁寧で過剰な敬語が今日も増殖中

「ご予約様、入られました」

「お犬様」で知られる徳川綱吉公もビックリ

その日私は、友人が予約した店に約束より少し早く着いた。のれんをくぐり、「○○さんの名前で予約していたと思いますが」と言うと、若い店員が「ご予約様、入られましたー」と大きな声を店内に響かせながら笑顔で丁重に案内してくれた。

これはある日の体験を物語風に書いてみたものです。ツッコミどころは、「予約したのは私ではないのに」ということではありません。一体いつから私の名は「ご予約様」に変わったのかという謎です。理由や目的を探ってみるとしましょう。

「ご予約の○○様が入られました」で他の来店客に個人名がばれてしまわないように？　「予約客が入ってきたよ。ぶつからないよう気をつけて」と他のスタッフに注意を喚起するため？　他のスタッフにも予約客への「いらっしゃいませ」を促すため？　席に着くまでの短い間に私の脳裏にはいくつかの推理が浮かんでは消えました。

現にその声が響き渡ると、店内のあちこちから「いらっしゃいませー」と元気な声が返ってきました。断っておきますが、別段不快な印象は持ちませんでした。力を合わせて一所懸命もてなそうという気持ちからの「ご予約様」には違いないでしょうから。

しかし、そうは言っても「ご予約様」です。ここまでくれば「お犬様」で知られる犬公《いぬく》方《ぼう》・徳川綱吉公もビックリでしょう。人でないどころか、生物でさえないのですから。

無生物で無形の「予約」に様を盛っても、最上のおもてなしにはなりえません。そもそも、案内する際に予約の有無を知らしめて区別する合理的な理由があるのでしょうか。おかしな妄想をかき立てないためにも、次のようなシンプルな案内でいいはずです。

「お客様が来られました」

「お客様がお見えです」

「お客様、ご案内します［いたします］」

ついでながら、予約の電話を受け付ける場面でも、「あいにくこの日はたくさんのご予約様をいただいております」と「ご予約様」が聞かれます。こちらも「ご予約をいただいております」のほうが自然です。「様」を抜くだけ。簡単です。

「プリンターがお壊れになった」

物にも敬語を使える？

「ご病気が回復されたとのこと、安心いたしました」
「目がお疲れになっていらっしゃいませんか」
「お声がきれいでいらっしゃいますね」

前述の「ご予約様」からの流れだと、これらの表現を「人でないものに敬語を使っている。大間違い！」と言いたくなってしまうかもしれませんね。

しかし、決めつけるのは早合点。これらは「所有者敬語」という呼び名もあり、目や声の持ち主である聞き手（Yとします）を間接的に高めるものとされています。一見すると、病気・目・声が高められているように感じられますが、問題のない表現です。

この場合、「（Yの）病気が回復した」「（Yの）目が疲れている」「（Yの）声がきれい」

のように、病気・目・声の所有者Yが隠れた主語になっています。体の一部だけでなく、性格・名前でも「気立てが（お名前が）素敵でいらっしゃる」などと使えます。

住所はどうでしょう。引っ越せば変わりますが、どこかに住んでいる限り、本人と切り離せません。「ご住所（お住まい）が変わられましたか」は割と自然です。装いについても、「帽子がお似合いでいらっしゃいます」に目くじらを立てる人は少ないでしょう。

とはいえ、個人差や地域差もあります。また、どこまでも無制限に所有物に使えるとは限りません。次の表現（上段）は、明らかに盛りすぎです。

●「プリンターがお壊れになったと伺いました」（◯プリンターが壊れたと伺いました）
●「お帽子がなくなられましたか」（◯帽子をなくされましたか）

特に最後の「お帽子」に至っては、音だけ聞くと「亡くなられましたか」と勘違いしてしまいそうです。隠れた主語「あなたは」を引っ張り出す気持ちで「帽子を」と始めるほうがスッキリします。そうすれば、すんなり「なくされましたか」が続くでしょう。分かちがたいほど似合う運命的な帽子にも、それはそれで出会いたいものですけれどもね。

「おっしゃられてください」

まだるっこしく紛らわしい二重敬語

「お気付きのことがございましたら、何なりとおっしゃられてください」

こう言われて「では早速」とばかりに「それ、二重敬語ですよ」と物申したことはありません。仕事でもない限り、言葉の誤りをいちいち注意するのは、無粋ですから。

とはいえ、もし自分がサービスを提供する側なら、二重敬語は避けたい過剰敬語の一つです。二重敬語だと認識しながらあえて使う業界もあるようですが、一般的に長たらしい印象を与えることは否めません。

そんな二重敬語の定義をここで確認しておきましょう。「敬語の指針」（文化庁）にはこうあります。

〝一つの語について、同じ種類の敬語を二重に使ったものを「二重敬語」という〟

これに照らせば「おっしゃられる」も「言う」を「おっしゃる」と尊敬語にし、さらに

「れる」を加えて尊敬語にした二重敬語です。「仰せになられる」も「言う」を「仰せになる」と尊敬語にし、さらに「れる」で尊敬語にした二重敬語です。

もっとあります。次の表現（上段）も二重敬語で、本来は下段のようにすべきです。

×お召し上がりになられている↓○お召し上がりになっている
×手紙をお書きになられている↓○手紙をお書きになっている
×本をお読みになられている↓○本をお読みになっている

ちなみに、ネット上ではよく次のような表現まで二重敬語だと指摘する誤った解説も見かけます。例えば、先に挙げた下段の後半部分を丁寧に言い換えたものです。

「ランチをお召し上がりになっていらっしゃいます」
「手紙をお書きになっていらっしゃいます」
「本をお読みになっていらっしゃいます」

いずれも「お……になる」と「いらっしゃいます」を接続助詞「て」でつないだ敬語連結。冗長な感じがあるのは確かですが、二重敬語には当たらず、誤用ではありません。

「お召し上がりになる」

盛りすぎのようで盛りすぎでない「二重敬語の例外」

前項「おっしゃられてください」では二重敬語を取り上げました。本項では「二重敬語ではあるが許容されている二重敬語」についてです。「せっかく二重敬語をマスターしたのに」とがっかりさせてしまうかもしれませんね。しかし、何事にも例外はあるもの。敬語にもそれは当てはまります。

まず、尊敬語の特定形を知ることから始めましょう。

一般的な語では、「試す」を「お試しになる」のように変化させて敬語を作ります。出来上がった敬語を見ても、「試す」の尊敬語であることが一目瞭然ですね。

しかし、中には全く別の語になってしまうものがあります。「おっしゃる」や「召し上がる」のような特定形と呼ばれるものです。

● おっしゃる（↑言う）

- いらっしゃる・おいでになる（↑来る・行く・いる）
- お越しになる・お運びになる（↑来る・行く）
- 見える・お見えになる（↑来る）
- おっしゃる（↑言う）
- ご覧になる（↑見る）
- （召し）上がる・お（召し）上がりになる（↑食べる・飲む）
- 召す・お召しになる（↑着る・風邪などをひく）
- お気に召す（↑気に入る）
- くださる（↑くれる）
- なさる（↑する）

「召し上がる」が尊敬語なら、それを「お……になる」の形にした「お召し上がりになる」は形の上では二重敬語です。「お見えになる」も同様です。しかし、「習慣として定着している二重敬語」として許容されているのです。つまり、傍線部について、二重敬語だからNGと槍玉にあげるのは行きすぎということ。ドヤ顔で指摘すると笑われます。ご用心。

「患者様」「おかゆみ」「お痛み」「お痛み止め」

モンスター患者を生んだ「患者様」呼び

「患者様から患者さんへ、呼称を変更いたします」

近年、あちこちの病院サイトでこんなお知らせを見かけます。少し前まで「様」付けで呼ぶ病院が大半でしたが、何があったのでしょうか。

さかのぼれば、医療サービスの向上を目指して、患者の呼び方が「患者さん」から「患者様」「○○様（氏名＋様）」になったのは2000年前後のこと。呼び方で意識や接遇が変わったかというと、あまり芳しい経過ではありませんでした。

中には、「『患者様』はお客様だろう」と勘違いしてモンスター化する患者、「呼び方だけ持ち上げても患者の扱いは改善されない。第一、よそよそしい」と不満を唱える患者……など、反応も散々。病院側も、呼称を戻さざるをえなくなったようです。

もとより「患う者」である状態の人に「様」の敬称はしっくりきません。患いたくて患うわけではないのに、「患者様」と盛られても、うれしくはありません。対等であるべき病院と患者の間にも上下関係が生まれてしまいます。

両者は共に治癒を目指す同志であることからも、患者には「患者さん」という呼称のほうがふさわしい。そんな流れもあって、患者呼称を戻す医療機関が増えてきたのです。


長年むずがゆく感じてきた私も、「患者さん」に大賛成。変に持ち上げられるより、親しみやすくて好感が持てます。

お節介ながら、「患者さん」への改めついでに、薬局などで時々聞かれる「お痛み」「おかゆみ」「お痛み止め」も「お」をなしにしてはどうでしょう。患者の側にしてみれば、痛みもかゆみもごめん被りたいもの。病気を患者の持ち物と見なすがごとく丁寧に表すのは、やはり盛りすぎです。

病院の待合室でそんなことを考えつつ、待つこと一時間半。ようやく順番が来ました。

「57番の方、診察室へどうぞ」「はい」

なるほど、番号呼びですか。最近はめったに「○○様（さん）」と名前呼びはしないようですね。個人情報保護の観点から言えば、賢明な判断です。

「本日お見えになります方は、お知り合いでいらっしゃいますか」

「ます」を大サービス中？

「ご覧になります方は、以上でございますか」

丁寧語は、聞き手に対する丁寧な気持ちを表す言葉です。

尊敬語や謙譲語よりも使いやすいせいでしょうか。このように、やたらと「ます」を連発する例を見かけます。特に、話し言葉になるとそれが顕著です。

「これに懲りませずに（◯懲りずに）またお誘いくださいますようお願いいたします」

「改めまして（◯改めて）お知らせいたします」

「ご多忙にもかかわりませず（◯かかわらず）、ご来場くださいまして感謝いたします」

「重ねまして（◯重ねて）お礼申し上げます」

「差し当たりまして（◯差し当たって）ご意見を伺います」

「したがいまして（◯したがって）今後の教訓といたします」

「取り急ぎまして（◯取り急ぎ）申し上げます」

どれも、傍線部分の「ます（まして・ませず）」は不要。カッコ内の言い方が慣用表現として定着しています。カッコよく、自信を持って使いましょう。


また、冒頭では「お見えになります」が「方」を修飾する表現として使われていますが、ここでの「ます」も要りません。「お見えになる」で十分です。

「本日お見えになります（◯なる）方は、お知り合いでいらっしゃいますか」

「見る」という相手の動作についても、「ます」は、ますます過剰になりがち。

「ご覧になります（◯なる）方は、以上でございます（◯いらっしゃいます）か」

この場合、文末は「ございますか」ではなく「いらっしゃいますか」とすべきでしょう。

丁寧語の「ます」をいくら盛っても敬意の度合いが増すわけではありません。ほどよく、ちょうどよく、適材適所でいきましょう。

「あちらにございますのが、今からお訪ねいただきます○○旅館でございます」

盛れば盛るほど豪華ツアー？

美しい自然や伝統に加え、日本が誇る文化とも言える「おもてなし」。国内外の観光客に最上級の体験を提供する豪華ツアーが花盛りです。

それだけではありません。ツアーガイドによる大盛り敬語も大盤振る舞い。日頃めったにできない体験をする前に、盛り盛りの敬語でお腹いっぱいになってしまいそうです。

ガイドの言葉は、一句一句を見ると、敬語の働きとして間違いとは言えません。「あちらにございます」は「あちらにある」を、「お訪ねいただきます」は「行ってもらう」を、「○○旅館でございます」は「○○旅館です」をそれぞれ丁寧にした言葉です。ところが、なぜだか上品には感じられません。

原因は、一つの文の中に三つも「ます」が使われていることです。「ございます」が二回、「いただきます」が一回。合計三回も出てきてコテコテに飾り立てた印象を与えてしまい、かえって洗練度が下がっているのです。

こんなときは、一語一語を敬語にする前に、「何を伝えるか」から考え直すのが得策です。伝えたいのは「あっちにあるのが、これから（皆さんが）訪ねる○○旅館である」という意味です。「（皆さんに）訪ねてもらう」恩恵をガイドも受けることは否定しませんが、旅館ほどではありません。わざわざ飾り立てた言い方をしなくても、「ご案内する」「ご宿泊の」でよいでしょう。

「あちらが、ただいまからご案内する○○旅館でございます」

こう言えば、十分。短いながらも、内容は先の長文と同じです。

● あちら↑「あっち」の改まった表現
● ただいま↑「今」の改まった表現
● ご案内する↑「案内する」の謙譲語
● ございます↑「ある」の丁重かつ丁寧な表現

敬意もしっかり備わっています。

「おワイン」「おカメラ」「おメンテ」

高級路線の「ハイ美化語」

「おシャンパン、いただきました」
「おエステ、行ってまいりました」
「おメンテ、完了いたしました」
「おカメラ、買わせていただきました」

ＳＮＳ界隈で、高級路線？のカタカナ美化語が飛び交っています。

「お／ご」を付ける場合のルールは次の通りです（例外もあり）。

●お＋和語（訓読みの語）」（例／お米・お酒・お手洗い・お水）
●ご＋漢語（音読みの語）」例／ご近所・ご飯）
●カタカナには付けない

どこまで「お／ご」を付けてもよいかの厳密なルールはなく、個人の感覚や考えによります。地域性もあります。「おビール」は例外としても、基本的にカタカナ・外来語には「お」「ご」を付けません（×おフライパン ×おゲーム ×おスキー）。

にもかかわらず、カタカナ美化語が百花繚乱《ひゃっかりょうらん》。見渡したところ、高価なものに使われている傾向があります。名付けるなら、「ハイ美化語」。ハイソサエティやハイブランドの「ハイ（ＨＩ）」です。どんな意図があるのでしょうか。

例えば、シャンパンタワーなどで、わざとバカ丁寧な敬語を使って高揚感を演出したいから？ あまりにさりげなく「シャンパンをいただきました」と書くとひんしゅくを買いそうだから？ 軽い嫉妬からのプチ炎上を避けるため？

あるいは「フォロワーの皆さん、誤解しないで。私だって自分ごときが高級シャンパン様をいただくのは恐れ多いと思っていますよ」と謙遜し、わざと「おシャンパン」と茶化《ちゃか》しているのかもしれません。だとしたら、なかなかの策士ではありませんか。

周囲の方もご用心。「ネットで見たことがあるから大丈夫」「インフルエンサーも使っていたから私も」と、ゆめご乱用なきように。リアルな会話で「おエステはよく行かれますか」と口走ってしまうと、それこそ「おセンス」を疑われてしまいます。

「お客様がお見えになられていらっしゃいます」

過剰敬語をかっこよく変身させる方法

見出しの言葉を敬語なしで言ってみましょう。

「客が来ている」

正解です。ずいぶん短いですよね。本当に？　と疑われそうですが、本当です。敬語化すると、たいてい文が長くなります。敬語の盛りすぎは「お見えになられ」の部分。「お見えになる」をさらに尊敬語にした二重敬語につき、大盛り判定です。

ややこしいので、いったん「客が来ている」に戻してから、敬語にしてみましょう。

「客が↓お客様が」（尊敬語）

「来て↓見えて↓お見えになって」（尊敬語の特定形＋「お……になる」型の尊敬語）

「いる↓いらっしゃいます」（尊敬語＋丁寧語）

再びつなぐと「お客様がお見えになっていらっしゃいます」。

「来る」の尊敬語「見える」を「お見えになる」とさらに尊敬語にした「お見えになる」は、本来二重敬語です。ただし、「お見えになる」については「習慣として定着した二重敬語」として許容されている使い方なので問題なし。正しい表現です。

あれ、ちょっと待った。「お見えになる」は寛容的に許されているとしても、「ていらっしゃる」を加えると、やっぱり二重敬語になるんじゃないの？　と思うかもしれません。

いえいえ、大丈夫。これは二つ以上の敬語を「て」でつないでいるだけ。二重敬語ではなく「敬語連結」に当たり、正しい用法です。

もちろん、スッキリさせたければ、「お見えになる」「いらっしゃいます」を使わない方法もあります。シンプルに「お客様が見えています」でもＯＫ。

「問題ないならよいけどね。でも、もうちょいスマートに言えたら……」。どこからともなく、心の声が聞こえてきました。では、とっておきを紹介しましょう。

「……ている」の部分を「お／ご……（だ）です」にする方法です。

「お客様がお見えです」

ずいぶん、短くなりました。

「お客様がお見えになっていらっしゃいます」

どちらも同じ「客が来ている」を敬語にしたとは思えないほどですね。

一般的に、敬語は敬意が高いほど長くなりがちですが、「お／ご……（だ）です」の形は、最初に「お／ご」があり、短いながらも敬意は十分。プレミアム感もあります。


なかなか重宝する型なので、しつこく？　もっと作ってみましょう。

「先生がお呼びになっていらっしゃいます」↓「先生がお呼びです」

「何かお探しでいらっしゃいますか」↓「何かお探しですか」

「いつお発ちでいらっしゃいますか」↓「いつお発ちですか」

「今日はもうお帰りでいらっしゃいますか」↓「今日はもうお帰りですか」

「部長がお尋ねになっていらっしゃいます」↓「部長がお尋ねです」

どの表現も正解ですが、いかにも敬語という感じを出したいときは上段、さりげないながらも敬意をしっかり込めたいときは下段。相手や場面次第で自在に使いこなせたら、かっこいい。大人です。

「犯人の方がまだ逃げていらっしゃる」

犯人にも敬語を使うのは上品か!?

ほとんどの人がスマホに見入っているバスの中。話し声は案外響くものですね。

「犯人さん、捕まらはったなあ」

「長いこと逃げてはったたねえ」

えっ、京都人は犯人にも「さん」付け？　しかも、「……はった」と尊敬語？　観光で乗り合わせた人は、その悠長さに驚くかもしれません。

いくら便利な「はる」でも、やはり使う話題は選ぶべきだし、犯人に敬語を使うのは不適切もはなはだしいと思われても無理のないこと。

京都在住者として一応言い訳しておくと、「○○さんが……しはる」は、尊敬語というより、もはや丁寧語化しているに近いのです。「赤ちゃんが歩かはった」「猫さんが来はる」。お店や企業に「○○さん」、食材に「お豆さん」「お芋さん」「お粥《かゆ》さん」「飴《あめ》ちゃん」……

などなど、言葉癖のようなもの。あくまで話題の諸々に「はる」を付けているのみ。聞き手への敬意までは含まれていません。目くじら立てず、聞き流しましょう。

さて、敬語を使うべきでない人について使ってしまうこの過ち。京都だけではなく、全国規模で聞かれます。

例えば、容疑者の近隣住民への取材では、

「そんな方には見えませんでした」

「よく挨拶される方でした」

「方」は他人を高める言い方。ここでは「そんな人」「挨拶する人」で十分です。ただ、やはり本当に近しい関係であったなら、つい敬語になってしまうのでしょうけれどね。

街頭インタビューでも、逃走中の容疑者に敬語を使う人は珍しくありません。

「容疑者の方がまだ逃げていらっしゃるので不安ですね」

「犯人・容疑者・怪しい人・変な人には敬語を使わない」と知ってはいても、いきなりインタビューされると緊張してしまう？　公共の電波で流れるのだから丁寧に話さなくては、と力んでしまう？　それにしては落ち着いた口調です。

察するに、「言葉の身だしなみ」のようなものでしょう。マイクを向けられたら、雑な話し方はせずにおこう、上品に振る舞おう。そんな心理が働くのかもしれません。

一般人でなくコメンテーターでも、うっかり犯人を「さん」付けしたり、「武器を用意してらっしゃった」のような尊敬語を使ったりすることがあります。

名前を呼び捨てすることに慣れていなければ、「強盗犯」「犯人の男（女）」などの言い方もあります。逃げていれば、「逃走中の方」でなく、「逃走中の女（男）」です。刑が確定していなくても容疑者ではあるわけですから、「○○さん」「○○ご夫妻」ではなく「○○容疑者」「○○容疑の夫婦」です。

「強盗なさった・逃げていらっしゃる・武器を用意してらした・捕まられた」は、「強盗した・逃げている・武器を用意していた・捕まった」が適切です。

いきなりの街頭インタビューはそうそう遭遇することでもありませんが、普段から上品な言葉遣いを自認している人ほど、くれぐれも盛りすぎに注意しましょう。

「携帯電話は電源をお切りになるかマナーモードにするなど……」

はっきり言うのもマナーです

一億総スマホ持ち社会。映画館や劇場で、もしも着信音が聞こえたら、せっかくの鑑賞を妨げます。他にも、イベントなど多くの人が集まる場所で、いかに携帯電話の電源を切ってもらうかは、主催者にとっても思案のしどころでしょう。

「携帯電話は電源をお切りになるかマナーモードにするなど、ご配慮をお願いいたします」
「大変恐れ入りますが、観劇中の携帯電話は、必ず電源をお切りいただけますように、ご協力をお願いいたします」
「車内ではマナーモードに設定の上、通話はご遠慮ください」

マナーモードか電源を切ってもらうのか、どこまで丁寧な表現にすべきか……苦心のほどが見られます。

敬語にすることとは「どのように呼びかけるか」を組み立てることですが、この場合、それ以前に「何を呼びかけるか」「なぜ呼びかけるか」をまず考えます。地域差や企業の差など対応はさまざま。もしも「電源を切る」の一択と決めたら、簡潔に伝えます。

「携帯電話は電源をお切りください」

これだけでも十分、注意喚起の役目を果たせるでしょう。「ご配慮をお願いいたします」「ご協力をお願いいたします」は、かなり控えめ。電源を切らないことが他の人の迷惑に当たる場合もあるなら、ストレートに伝えることが観客のためでもあります。

また、火事や水害、事故など緊急時の勧告では、さらなる簡潔さが求められます。

「○○川でまもなく氾濫が起きるようでございます。どうぞお逃げくださ い」

これでは悠長すぎて、逃げ遅れる人が続出します。尊敬語でなく丁寧語でOKです。

「逃げてください。○○川があふれました。逃げてください。洪水です。危険です」

「3階が火事です。階段で下へ逃げてください」

小さな子どもや外国人、高齢者でも分かるよう、短い言葉ではっきり伝えます。緊急時の言葉は、いざというとき慌てずに済むよう、ケースごとに文例を作っておきましょう。

「これは弊社が担当したお仕事です」

盛りすぎ美化語はプロらしくない

「後でお書類をお送りいたします」
「これは弊社が担当したお仕事です」
「明日はお仕事でいらっしゃいますか」

右から順に「お書類・お仕事・お仕事」。「お」が付いた名詞が三つあります。このうち、過剰でないものは三つ目の「お仕事（尊敬語）」のみです。

一つ目の「お書類」、二つ目の「お仕事」は、美化語として使っているのでしょうが、盛りすぎです。「お」を付けず「書類」「仕事」とするほうがよいでしょう。

「後ほど書類をお送りいたします」
「こちらは弊社が担当した仕事です」

美化語の中には「お茶」「お札」「お節」のように今さら「お」なしでは言いにくい言葉もあります。一方で、盛りすぎは美しくありません。プロらしくもありません。幼稚で冗長にも感じられます。

「明日はお仕事ですか」と聞かれて、「はい。お仕事です」。反射的にそう答えるかもしれませんね。どちらも同じ「お仕事」に見えますが、質問者の「お仕事」は尊敬語、回答者の「お仕事」は美化語のようなもの。後者では「お」を付けず、「はい。仕事です」のほうが適切です。

美化語のように「お仕事」を使うケースはよく見られます。慣れ親しんだ友人同士や子ども・家族に対して「今日はお仕事なの」と使うのはよいとしても、企業説明会やプレゼンテーションなどでは使わないほうが賢明。

また、冒頭の一文目・二文目では、「書類」「仕事」に「お」を付けるよりも、むしろ「後で」を「後ほど」に、「これ」を「こちら」に改まり語にすることに気を配るべきでしょう。

改まり語は敬語ではありませんが、敬語に準じる位置にある言葉です。公式な場では必要以上に「お／ご」を盛るよりも、よほどフォーマルな印象になります。

「ご請求書」「ご納品書」「お見積書」

「お／ご」の付け方には慣習や個人差がある

「お書類ではなく書類？　じゃあ『ご請求書』は間違い？　『ご請求書をお送りします』と言うのもやめたほうがいいの？」と思う人がいるかもしれません。

間違いではありません。請求する際の書類のタイトルは「請求書」で十分ですが、口頭では「ご請求書」でも「請求書」でもＯＫ。

「お／ご」を付けるかどうかに、厳密な線引きはありません。業界の慣習によるところも大きい。個人差もあります。名詞でも動詞でも同じです。

もとより「請求」は、ビジネスで大切なお金のやりとりに関わる言葉であり、口頭では「ご」を付けて使われてきました。しかし、昨今「ご請求ください」など「ご」が文法的に必須の場合を除けば、口頭やメールでも「ご」を付けないケースが増えてきているようです。

尊敬語として（発注者から受注者へ）

（ご）請求書をお送りください／（ご）請求書をお願いいたします／（ご）請求なさってください／ご請求ください

謙譲語として（受注者から発注者へ）

（ご）請求書をお送りいたします／ご請求いたします／ご請求申し上げます

このように、使う立場によって尊敬語にも謙譲語にもなるのが「請求」という言葉です。名詞の場合に「（ご）請求書」としたのは、冒頭に書いたように「ご請求書」「請求書」のどちらでもよいと考えるためです。納品や見積りのメールでも同様に「納品書」「見積書」と「お／ご」なしでもよいでしょう。また、カタカナの「インボイス（適格請求書）」はそのままです。間違っても「おインボイス」とは言いませんよね。

近年、実際に発行する「請求書」「納品書」「見積書」など書類そのものについては、テンプレートでも「お／ご」なしが一般的です。事務作業のデータ化が進むこれから、書類名には「お／ご」を盛らずにスッキリさせるほうが、むしろ「できる人」という印象を盛れるのではないでしょうか。

「この子はブルーのおつくりもございます」

アパレルショップにブルーのお刺身とは？

ある店でピンクの服を手に取って見ていたら、店の人に声をかけられました。

「この子はブルーのおつくりもございます」

アパレルでお刺身。しかもブルーとは斬新！　ファッション業界も多角化してきたね。で、「この子」はどこの子……初めに聞いたときは、「お造り」だけにギョッとしました。

「この子」とは製品、この場合は服のことでしょう。翻訳すると、「この服にはブルーの色違いもある」ということだと、３秒後に理解しました。

客に対して丁寧に言うなら「ブルーのお色違い」で十分です。なぜ「ブルーのおつくり」？

「つくる」という言葉を入れてクリエイティブな感じを出したいのでしょうか。それなら「お色違いでもおつくりしています」というごく普通の表現で通じます。

「おつくり」と名詞化したために、最終的に美化語のような謙譲語のような不思議ワードと化してしまったのです。ちなみに「おつくり」は刺身の美化語としての「お造り」が確立しています。(「化粧」の美化語でもありますが、「お化粧」のほうが自然)。「おつくりする」を無理やり名詞の謙譲語にしても、話が混乱するばかり。百歩譲って業界内で使うのはよしとしても、接客用語としては首をかしげざるをえません。


「ブルーのおつくりもございます」をパッと意味が分かるようにするなら、

「ブルーでもおつくりしています」

「ブルーの色違いもございます」

「ブルーのお品もございます」

「ブルーの在庫もございます」

など、言い方はいくらでもあります。


さて、原稿をここまで書いた私は、気分転換に近所へ買い物に行きました。レジへ行くと、そこで「ポイントカードのおつくりはよろしかったですか」と聞かれたのです。「おつくり」の勢力拡大ぶりにギョギョッとしたことは言うまでもありません。

「政策をお示しをしております」

その「を」を削除をなさってはいかが

「政策をお示しをいただきたいと存じます」
「方針をお示しを賜りたいのであります」
「方向性をお示しをしております」
「大臣にお伺いをしたいんですが、今般の地震、すでに3か月が経過をいたしました」

いずれも、傍線部の「を」は要りません。他にも「現状の考え方をご説明を申し上げます」「リストを作成をしております」「ご協力をお願いを申し上げます」「節電をお願いを申し上げます」「しっかりとお伝えをしなければいけない」「不確実な情報をお伝えをするということ」……「を入れ」の誤用は挙げるとキリがありません。

政治家の言葉に多い「を入れ」は昭和の国会でも聞かれましたが、近年の盛りすぎは気になるどころではありません。中でも多いのが、冒頭に挙げた「お示し」との併用。

政策・方針・方向性・覚悟……さまざまなものが「お示しを」されます。「を」を省き「政策をお示しいただきたいと存じます」

こうすると文法的には正しくなりますが、それでもやはり「お示し」は耳障りです。

動詞の「示す」は「提示する・表明する・考え方や態度をはっきり見せる」という意味。しかし、「示し」と名詞になると「提示・表明」だけでなく、「手本を見せて教えさとすこと。神仏の教え」という意味もあるのです。

「お示しします」とへりくだったつもりなのに「手本をお見せしてお教えします」という意味に受け止められるかもしれません。敬意を表しつつ責任追及したつもりで「お示しを賜りたい」と言えば、神仏のごとく崇《あが》めてくれたかと相手を調子づかせてしまいそうです。

ささいなリスクにも注意を払って然《しか》るべきが、政治家の言葉というものです。単に和語でやわらかい印象を狙った政治家用語の一種なのかもしれません。それでも「お示し」よりも「提示・表明・説明」などのほうがよほど誤解なく意味が伝わります。このままでは、社会にも未来の子どもたちにも「示し」がつかないではありませんか。

「うちの会社の部長が奥さんのお写真を見せてくださって」

私とその人、何の関係もありません

友人との待ち合わせ。30分ほど経《た》った頃、到着した友人がこう言ったとします。
「ごめん、ごめん。帰り際にうちの会社の部長がご家族のお写真を見せてくださって、盛り上がっているうちに、帰りづらくなっちゃって」

言われたほうは「なるほど、そういうことあるよね。帰りづらいよね」と物分かりのいい言葉を返しつつ、釈然としないのではないでしょうか。

遅れた事情を聞いて、「あるよね。同じく会社員だから分かるよ」と共感したとしても、内心はモヤモヤするはずです。「遅れた上に、どうでもいい言い訳だね。その部長のこと全く知らないし、私とは赤の他人なのに」と言いたくなるかもしれません。

このように、話題に出てくる上司と聞き手は全く関係がない場合、「目上の人物を立てる」

という敬語のルールに縛られることはありません。自分だけが知っている人物をことさらに立てることは、盛りすぎになりがちです。しかも、聞き手にとっては自分が待たされる原因になった人物。その上司の行動に、「見せてくれる」と恩恵を表す表現を使っているわけですから、モヤモヤ度も上昇して当然です。

自分を主語にして敬語を省き、「うちの会社の部長から奥さんの写真を見せられて」と単なる受け身表現だけにするほうが、帰りづらかったことの説得力が増すというものです。

さらに、敬語の問題とは別ですが、どうでもいい言い訳と思われるような状況を詳しく話す必要があるかどうかです。「帰り際、上司に呼び止められて、どうしてもすぐに抜けられなくて」という程度にとどめておくのも一つの選択肢でしょう。

感じ方には個人差があるため、話し手にとって明らかに立てるべき人物である場合、そこまで不快な思いを与えはしないかもしれません。ただ、やはり心がけたいのは、聞き手目線に立つこと。たとえ気の置けない友人が相手でも、待たせてしまったら心を込めて丁寧に謝ることが、最初にすべきことです。

「JRさん」「京大さん」「ビートルズさん」

俳優だってアーティストだって誰かのファン

ある俳優がTV番組に出演した際、他のアーティストを呼び捨てにしてちょっとした物議を醸したことがありました。個人名を呼び捨てにしたわけではなく、バンド名です。ずっと大のファンであり尊敬していたため、純粋なファン心理から「さん」なしにしたのでしょう。つまり、リスペクトを込めてのことだと推測します。

しかし、ネットでは「尊敬しているなら、〈さん〉くらい付けよう」「〈さん〉付けしないのは引っかかる」との苦言も。対して、そのアーティストのファンからは、逆に「さん」なしを称賛する投稿もありました。

社会的活動の上で固有名詞が確立した名称には、「さん」なしが一般的です。例えば、企業名・団体名・店名・歴史上の人物・アーティスト名などには、基本的に「さん・様」を付けません。JRさん、京大さん、ビートルズさんとは言いませんよね。

しかし、業界内ではやや変則的。TVで出演者同士が呼び合うときも「さん」付けが習わしになっているようです。個人名はもちろん、バンド名にも「さん」が付けられ、視聴者もそれに慣れている側面があります。

さらに視聴者も、SNSなどではいろいろなものに「さん」付けをします。

バンド名は言うに及ばず、コンビニ名などでも「ローソンさんで一番くじ」「ファミマさんから新商品」「セブイレさんの恵方《えほう》巻き」などなど……これはこれで、親しみの表現なのでしょう。友達間では呼び捨てにする固有名詞も、SNSというネットの広場のような場所ではよそ行きの言葉になる感覚でしょうね。

誰もが一個人でありながら、発信者としての見られ方を気にしすぎる現代。公私の境界がますます曖昧になっています。

誰かがどこかで読んでいる・聞いているとなると、「さん」付けなしでは失礼に感じてしまう。一種の「言葉の身だしなみ」のようなものです。こうなると互いのルールを押し付け合うより「人が誰をどう呼ぼうと、当事者でない限りあれこれ言わない」。そんなふうに互いの寛容さを呼びかけるほうがスマートかもしれませんね。

「今、担当の方がおりません」

「方」だけでも立派な敬語

窓口や電話で社外の人から担当者はいないかと尋ねられて「今、担当の方《かた》がおりません」と答える人がいます。「いません」ではなく、「おりません」と丁重に言えたと胸をなでおろしているかもしれませんが、甘い。あと一歩です。身内を呼ぶのに「方」は使いません。「人」を意味する尊敬語だからです。

敬意の度合いで示すなら、「方（尊敬語）― 人（中立）― 者（謙譲語）」の順。社外の人に話すとき、身内を呼ぶときには、謙譲語を使います。

「担当者はおりません」あるいは「担当の者はおりません」が順当です。

一方、自分が担当者を訪ねる側だとしたら、次のように尊敬語の「方」を使います。

「ご担当の方はいらっしゃいませんか」

「どなたか○○についてご存知の方はいらっしゃいませんか」

口にするだけで、優雅な印象を醸し出す「方」は、「北の方」など相手のいる方角を示して間接的に貴人を指したことに由来しているそう。「関係者」「ドイツの人」を丁寧に言いたいとき、「関係者の方」「ドイツの方」とするだけで簡単に敬語化できますね。私も日々重宝し、たまに使いすぎては反省しています。

そんな便利さゆえでしょうか、昨今の「方」はどうも気軽に扱われすぎている様子。SNSでは「方」に「お」を盛った「お方《かた》」、さらに「様」を盛った「お方様《かたさま》」が登場していて、驚かされます。

「バトンを受け取りました。次のお方、よろしく」
「フォロワーのお方様へのアンケートです」
「いいね！をくれたお方様、ありがとうございます」

少し古風な「お方」ならまだしも、令和で使うにはいささか時代がかった響きの「お方様」。仮に大奥で「フォロワーのお方様」など言おうものなら「フォロワー？　お方様に対して無礼千万。お付きはそなたじゃ」とお局様から叱られてしまいそうですね。

「社長様」「課長様」

それ以上すり減らないで「あなた」

「改まった場で、それほど親しくない相手のことを言うとき、どんな言葉を使いますか」と尋ねた世論調査があります。

結果は、「名字＋さん」が6割で最も高く、次いで「役職名・職業名・相手の所属する組織団体名（課長・先生・○○銀行等）」が3割強、「役職名・職業名・相手の所属する組織団体名（課長・先生・○○銀行等）＋さん」が3割弱でした。以降、「名字＋さま」「あなた」「そちらさま」「おたく」「役職名・職業名・相手の所属する組織団体名（課長・先生・○○銀行等）＋さま」「そちら」「おたくさま」「あなたさま」「あんた」の順です。

＊用字は調査のまま（「国語に関する世論調査」（平成28年度／文化庁）

はて？　確か役職や組織に「さん・様」は付けないはずですが、付ける人も意外と多い。ルールにつき遠慮無用と分かっていても、若い社員は目上の部長や、ましてや社長をなかなか「さん・様」なしでは呼びづらいのかもしれませんね。

まずは、社外の相手から電話がかかってきた場合には「課長の田中は……」と「さん・様」なしを徹底すること。「役職」は厳密に言えば敬称ではありませんが、敬称に近い扱いとして「さん・様」は付けない……など少しずつでも確実に慣れていきましょう。

会社以外でも趣味の教室の先生や、寺院の住職、地域の議員など、呼び方に悩み出すとキリがありません。特に、僧侶の呼び方は「ご院家さん」「ご住職」「方丈さん」など宗派や立場で異なりますが、頭に「ご」を付けた場合「様」はなくてもよいでしょう。


いずれにしても、丁寧さを盛りすぎてすり減ってしまうのは、呼称も同じ。特に、私は「あなた」に困っています。かつては目上の相手にも使えた「あなた」。近年は対等以下の相手を呼ぶ軽い敬語となってしまった様子。それでいて「様」を付けた「あなた様」の人気も、先の調査ではかなり低い。悩める私は知人に尋ねました。「名前を知らない人をどう呼ぶ？」と。「すみません、だね。知らない人にはそう声をかける。初めに謝っておけば、相手も怒らないし」。なるほど。何事も下手《したて》に出ておけば間違いない。しかもあえて呼ばない。それもまた一つの知恵かもしれませんね。

「おこぼしになったのですか、奥様」

その失敗、バカ丁寧に指摘しますか

レストランで優雅に食事を楽しんでいるご夫妻。しばらくして、ガシャーンと何かが割れる音がしました。妻のほうがワイングラスを落としてしまったようです。

もし自分が店員だとしたら、駆けつけて声をかけ、片付ける場面です。まさか、ナル敬語の出番だと張り切って「お割りになったのですか」「おこぼしになったのですか」と尊敬語で確認したりはしませんよね。

えっ、なぜいけない？　試しに、ひと呼吸置いてから、ゆっくり口にしてみてください。その響きは、あたかも財産家に嫁いだ若い夫人にわざと意地悪をする古参の執事か家政婦の言を思わせます。まるで昭和のＴＶドラマのようではありませんか。

「お／ご……になる」は正しい尊敬語です。「こぼす」「割る」の尊敬語として「おこぼしになる」「お割りになる」と言うことも文法上は可能です。しかし、文法的なこととは別に、この場面でわざわざ指摘することではありません。

「こぼす・汚す・割る・壊す」など失敗を意味する言葉を尊敬語にすると、意図に反して失敗を誇張し、わざと指摘したような印象を与えるでしょう。


弁償が発生するようなケースは別として、一般的には、その瞬間を見ていなかったかのように振る舞うのが大人の対応と言えます。

「こぼれてしまいましたね」

「汚れてしまいましたね」

「割れてしまいましたね」

「壊れてしまいましたね」

意図して及んだことでない限り、当人も「しまった。申し訳ない」と恐縮し、反省していることでしょう。「自然にそうなった、なってしまった」という体《てい》でカバーしたいものです。さらに「お怪我《けが》はありませんか」「お洋服は大丈夫ですか」「不安定な場所に置いてあったみたいですね」「ちょうど新しい器がほしかったところです」「モノにも寿命ってあるんでしょうね」など適宜付け加えると、好感度もアップするでしょう。

「正直者が割をいただく世の中」

ことわざや慣用句は敬語化できない

世相を嘆く雑談の最中、相手がぼそっとこう言った情景を想像してください。

「ほんと、正直者が割をいただく世の中ですね」

「正直者はお湯割をいただけるのですか？　焼酎を6：4でお願いしてもいいですか」

と返したりは……しませんよね。あいにくそんなキャンペーンがあるはずもなく、正しくは「正直者が割を食う世の中ですね」です。


「食う」は「食べる」に比べて粗野な印象を与えるため、丁寧に言いたくなるのは当然です。しかし、慣用句については基本的に敬語にしません。「割を食う」は慣用句なので、この部分を「割をいただく」「割を召し上がる」のような敬語にはしません。

　同様に「道草を食う」「同じ釜の飯を食う」もそのままです。丁寧に言いたいときは、次のように慣用句以外の部分を敬語にします。

「道草を食うなどの行動はお控えください」

「同じ釜の飯を食った同志でいらっしゃる」


「腹を立てる」はどうでしょう。怒っているように見える相手に、

「何かお腹をお立てになっていらっしゃいますか」

とは言いませんよね。これも同じく、

「何か腹を立てていらっしゃいますか」

「何か腹を立てておいでですか」

と言うでしょう。「腹を立てる」の部分はそのままで、後を敬語にします。

ただし、目上の相手に「腹」を使うことを少々粗野に感じる人もいるでしょう。

その場合は「お腹」にするのではなく、

「何かご立腹でしょうか」と言い換えるのが無難です。

さて、ここまで読んで「基本的に敬語にしません、って何？　例外もあるってこと？

そろそろ言ってよ」という勘のいい人もいそうですよね。そうなのです。例外もあるのです。一様に線引きできないところが、厄介でもあり面白いところでもありますね。

「部長は顔が広いですね」

「慣用句は敬語にしない」にも例外あり

前項で「慣用句は敬語にしない」と書きました。

「目に入れても痛くない」は「お目にお入れになっても痛くなられない」とは言わないし、「火を見るより明らか」も「火をご覧になるより明らか」とは言いません。

基本的に、慣用句には敬語を盛らなくてよいわけです。


ただし、これには例外も。例えば、上司に人を紹介してもらい、こう言ったとします。

「さすが、部長は顔が広いですね」

シャレの分かる部長は「そんなに顔がでかいか」と返してくれるかもしれません。話し手はシャレではなく「慣用句は敬語にしない」に沿った言い方をしたまでです。しかし、ここは「お顔が広い」のほうが自然で、「お顔がお広い」とまでするのは不自然。最も自然な言い方は、慣用句の後も敬語にして、「さすが、部長はお顔が広くていらっしゃいますね」でしょう。

ややこしいですね。慣用句は絶対に敬語にしてはいけない。そう言い切れないわけですから。例えば、「目が高い」「耳が早い」などは、「お目が高い」「お耳が早い」と「お」を付けても不自然ではありません。

体の一部を使った慣用句には、こういうことが起こりがちです。また、体の一部を使った語句でも、やはり無理なものはあります。

「口車に乗る」「面の皮が厚い」「目の上のこぶ」は、「お口車にお乗りになる」「お面の皮が厚い」「お目の上のこぶ」とすると、かなり違和感があります。

一体全体、どうしたら？　と途方に暮れそうです。そこで、手順を考えてみました。

- 基本的に、慣用句は敬語化しない
- 一部に例外もあるため、そのまま使うのが失礼だと感じたら敬語化を試みる
- 敬語にしてやはり不自然なら、慣用句以外の語句を敬語にする

という方法です。もっと良い案があれば、ぜひお寄せください。

「先生は講義がお上手でいらっしゃいます」

目上の人を褒めちゃダメ？

「先生は講義がお上手でいらっしゃいます」

この一言をただちに良い悪いと決めつけることはできません。もし同僚からの言葉だとしたら、先生同士で十分に敬意を払いつつ相手を称賛している適切な表現です。

しかし、もし講義を受けた学生が直接こう言ったら、失礼になる恐れが多分にあります。文法上は礼を尽くしていますが、日本語では「目上の人を褒めるのは失礼に当たる」という考え方があるためです。

もちろん感じ方には個人差もあります。「国語に関する世論調査」(令和元年度／文化庁)では「先生は講義がお上手ですね」という表現を「気になる」とした回答は約3割、「気にならない」とした回答は約6割でした。

「私は何歳になっても褒められて伸びる性格だから、年下の人たちからもぜひ褒めてもらいたい。素直に喜びます」という人も1人以上はいるでしょう。白状すると私ですが、あくまで一般論として話を続けます。

目上の人を評価するような言い回しが良くないのなら、学生はどう言うのが適切でしょうか。講義の熟練度を褒めるのでなく、自分にとってどのように役立ったか、どんなところに気付いたか、感想を伝えるとよいでしょう。

その場合、次のような言葉があります。

「参考になります／勉強になります／日頃から尊敬しています／大変感銘を受けました／○○という話を初めて知りました／ご著書を拝読しました／今日から実行します」などです。また、疑問に思ったことを質問したり、感謝を伝えたりするのも好ましい態度です。

例えば次のように言われたら、悪い気はしないはずです。

「先生、ご講義ありがとうございました。○○ということを存じませんでしたので、特に興味深く拝聴しました。○○についてもしご推薦の書などございましたら、お教え願えませんでしょうか」

有益な書によって、さらに学びが深まるに違いありません。

「残念ながらご落選になりました」

「ご当選」と「落選」、「ご成功」と「失敗」

「懸賞に外れた。なぜ当選は〈ご当選〉で落選は〈落選〉なの」

何とも悔しさがにじむこの意見、どう思いますか。「落選」と書かれた通知を受け取ったこの人は、見出しのようにせめて「ご落選」と書いてほしかったそうです。

人の感覚は、まさに十人十色。落選したから丁寧な言葉でいたわってほしい人もいれば、そっとしておいてほしい人もいますよね。個々の表現は自由なので好きなように使ってもかまわないと言いたいところですが、それでは身も蓋もなくなります。一応の基準を示すと、当たった場合は「ご当選」、外れた場合は「落選」を使います。

一般的に、次頁のように良くない意味を持つ語では、「お／ご」や「お／ご……になる」を付けたナル敬語は作りにくいとされているのです。

試しに、無理やり「ご落選」「ご落選なさった」と盛ってみてください。

「ご倒産になったそうよ」「ご倒産なさったんですね」「ご倒産になったのですか」
いたわりを通り越して、茶化した感じになってしまうはず。直接言おうものなら、けんかになってしまうかもしれません。

ただし、次のように、「……なさる」の型なら、さほど無理な印象はありません。

落選する——×ご落選　×ご落選になる　○落選なさる
誤解する——×ご誤解　×ご誤解になる　○誤解なさる
失敗する——×ご失敗　×ご失敗になる　○失敗なさる
倒産する——×ご倒産　×ご倒産になる　○倒産なさる
留年する——×ご留年　×ご留年になる　○留年なさる
退学する——×ご退学　×ご退学になる　○退学なさる

良くない意味の語であっても、「ご」を頭に付けなければ、かろうじて尊敬語にできるわけです。もちろん、だからといって積極的に使いましょうという提案ではありません。聞き手も苦笑い程度で済みそうというだけの話です。

NOTE 1

敬語の種類と働き

尊敬語

主語（二人称・三人称／相手や話題の人物）を高める。

【一般形】お／ご……になる（ナル敬語）・お／ご……だ（です）・……（ら）れる（レル敬語）・お／ご……くださる・お／ご……なさる・……てくださる

【特定形】なさる・いらっしゃる・おっしゃる・召し上がる・くださる など

謙譲語Ⅰ

主語（普通は一人称／自分や自分側の人物）を低めて、向かう先の人物（二人称・三人称／相手や話題の人物）を立てる。

【一般形】お／ご……する・お／ご……申し上げる・……ていただく・お／ご……いただく

【特定形】いただく（頂く）・申し上げる・存じ上げる・さしあげる・伺う・拝見する など

謙譲語Ⅱ（丁重語）

主語（一人称／自分や自分側の人物を低めて、聞き手（読み手）に丁重さを示す。丁寧語「です」「ます」より改まった丁重な表現。
【一般形】……いたす
【特定形】いたす・まいる・申す・存じる・おる
＊謙譲語Ⅰ兼 謙譲語Ⅱ
謙譲語Ⅰと謙譲語Ⅱ両方の働きを持つ敬語として「お／ご……いたす」がある。

丁寧語

話や文章の相手に対して丁寧に述べて丁重さを表す。
です・ます・ございます

美化語

物事を美化して述べる。
お茶・お椀《わん》・お化粧・お米・お惣菜 など

以上は「敬語の指針」（文化庁）による五分類です。
「尊敬語」「謙譲語（謙譲語Ⅰ＋謙譲語Ⅱ）」「丁寧語（丁寧語・美化語）」の三分類とする説もあります。

2章

その敬語、へりくだりすぎです

せっかくの低姿勢も行きすぎると不適切だったり慇懃無礼だったりと逆効果

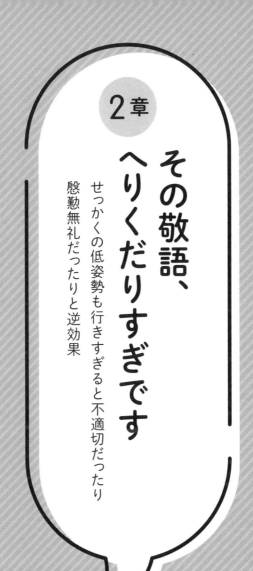

「頑張らせていただきます」

「頑張る」と「させていただく」はなじまない

「ご希望に添えるよう頑張らせていただきます」

発注先から「見積りの額、もうちょっとだけ何とかなりませんか」と頼まれて、こう答えたことはありませんか。

「させていただきます」は、許可を得て行うと見立てて使う謙譲表現。「頑張らせていただきます」と言おうものなら、相手は「弱ったな。こっちが無理強いしているみたいで。何もそこまでへりくだらなくても」と内心申し訳なく感じるでしょう。

何よりも「頑張る」という行為は、自身の強い意志によるもの。文法云々ではなく、こうした内面に関する言葉は直接の敬語にはなりにくいのです。さらに、他人の許可を得ることでもないため、「させていただく」という言葉とはなじみません。

その上で、発注先に対して丁寧に述べることで感謝の気持ちを表したいわけですね。

「ご希望に添えるよう、精一杯努力いたします」

「ご希望に添えるよう頑張ります」

こう答えれば、懸命で潔い印象を与えるでしょう。「頑張る」を言い換えたいときは、「努力する」の他にも「努める」「励む」「尽力する」「精進する」などがあります。


また、敬語とは別の話ですが、「頑張れ」という言葉は昨今なかなか他人に対して使いづらくなっていますよね。ただでさえ几帳面で頑張り屋の人が多く、過労死も問題化する日本。「そんなに頑張らなくてもいいよ」の言葉が救いになることもあるでしょう。

ただし、前半に書いたように「頑張る」は本人の意志に関わること。そうしたいから頑張っている人への「頑張らなくてもいい」は、「もっと頑張れ」と同じくらい余計なお世話にならないとも限りません。

では、どう言えばいいのでしょう。

「応援しています」「応援しております」「何かできることがあれば、いつでもおっしゃってください」。これなら、応援したい気持ちをさりげなく表せそうです。

「こちらの天気図を見ていただきますと、この3日間は晴天が続きそうです」

「いただきますと」どうなりますか

これは、ある気象予報士の言葉です。

文書では稀《まれ》ですが、話し言葉になると「……いただきますと」は実によく聞かれます。天気予報だけでなく、講座や会議、営業など、何か資料を見せて話を進めるような場面でよく使われます。

そもそも「○○に……ていただく」は「○○に……てもらう」の謙譲語です。「○○」の部分は補語に当たります。

例えば「本日は（皆様に）ご来場いただきありがとうございます」には、「皆様」という補語が隠れています。主語は話し手です。話し手が「いただく」とへりくだることで、話し手に恩恵を与える補語「皆様」を高めているわけですね。

冒頭の言葉も、これに当てはめて考えてみましょう。

「こちらの天気図を（視聴者の皆様に）見ていただきますと、この3日間は晴天が続きそうです」。天気予報士が自分を低めて、視聴者を高めていることになります。画面の向こうの視聴者に配慮する気持ちは理解できないでもありませんが、へりくだりすぎです。

もっと言えば、二つの文の関連性も妙です。「いただきますと」の「と」は、二つの文をつなぐ接続助詞。「雪がとけると水になる」のように、前の文が次の文の前提条件を示します。「天気図を視聴者に見てもらったから、3日間は晴天が続く」というのなら、いくらでも天気図を眺めます。しかし、そんなはずはありませんね。

長々と書きましたが、日頃から分かりやすい天気予報を頼りにしている一視聴者としては、見出しの言葉を次のように提案します。

「こちらの天気図によれば、この3日間は晴天が続きそうです」

「こちらの天気図をご覧ください。この3日間は晴天が続きそうです」

どうでしょうか。「いただく」がないほうが、いかにも的中しそうです。

「CDを出《だ》させていただき、歌合戦にも出《だ》させていただきました」

「おかげさまで」で乗り切ろう

「『させていただく』を使いすぎだと言いたいんでしょ。盛りすぎなのは自分たちでも分かっているよ。でもダメだと分かっていても使わないと落ち着かないんだ。『CDを出せました』と言えばアンチから、自力で出せたような顔をするなって言われそうだし、第一応援してくれるファンに対しても失礼な気がするし。それ以外で、丁寧に言う方法なんてあるの？」

タレントやアーティストから直接聞いたわけではありませんが、才能ある賢明な彼らの中にはこう感じている人も多いのではないでしょうか。誹謗中傷が飛び交う現代、ファンや周囲に気配りしすぎて、敬語を盛りすぎてしまうのも無理からぬことかもしれません。

とはいえ、視聴者にとって耳に付く言い方であるのも確か。

「今年はCDを出（だ）させていただき、歌合戦にも出（だ）させていただきました」

いくらファンに感謝しているからといって、やはり過剰な敬語です。また厳密に言えば「歌合戦にも出（だ）させて」は「歌合戦にも出（で）させて」が適切です。

ＣＤを買うほどのファンは、どんな言い方でも快く受け入れてくれるのかもしれません。ただ、ファンならなおさら、憧れているアーティストやタレントには、堂々とかっこよく振る舞っていてほしい気持ちもありはしないでしょうか。

そこで、「『させていただく』盛りすぎ防止対策」を施した表現を提案します。

「今年はファンの皆さんのおかげでＣＤを出すことができました。歌合戦にも出場の夢がかないました」

これならファンへの感謝も盛り込めます。「出すことができた」「夢がかなった」というポジティブな言葉で、応援してよかったと喜んでもらうことができます。ファン自身も夢を叶えようと思うかもしれません。

「おかげ（さま）で……しました（いたしました／できました）」を使うことで、感謝を述べつつも媚びない印象になります。「させていただく」の二度使いで敬意を盛るよりも、かえって距離が縮まるのではないでしょうか。

「退院させていただきました」

「いたします」は立派な敬語

「させていただく」は、へりくだりすぎ表現の代表格。あちこちで、使いすぎだと指摘されながらも、その人気は衰えません。

前項と同様に、次の「させていただく」も盛りすぎです。

●退院した人が出社して会社で報告する場面
「おかげさまで順調に回復しまして、昨日退院させていただきました」

●会社を退職した人がＳＮＳで報告する場面
「円満退職させていただきました」

「させていただく」を『広辞苑 第七版』（岩波書店）で引くと、こうあります。

〝相手の指示を頂戴してするという卑下した形で自分の動作を謙遜した意を表す。最初、上下関係を強く意識する社会で使われ、第二次大戦後一般に広がった言い方〟

退院を許可したのは主治医、退職を許可したのは会社です。聞き手に許可をもらったわけではないのに、卑下した形とはへりくだりすぎです。

前出の傍線部分は「退院いたしました」「円満退職いたしました」とすべきでしょう。言う前に「『いたします』は立派な敬語」と頭の中で3回唱えるとスムーズです。

こう書くと、一様に「させていただく」を使ってはいけないと早合点する人もいるでしょうか。しかし、次のような場面では、絶対にダメとは言い切れません。

●目上の人が集まる会などを途中で退席する場面
「恐縮ですが、ここで失礼させていただきます（いたします）」
●結婚式の出欠に返信ハガキで答える場面
「出席させていただきます（いたします）」

いずれも許可は不要ですが、許可を得てそうすると見立てているわけです。つまり、「いたします」でも使えますが、「させていただく」を使ってはいけないとまでは言えないのです。何でもかんでも「させていただく」がNGではありません。他人の「させていただく」に寛容になることも心がけたいですね。

「フライパンを冷ましてあげましょう」

フライパンやシャツにも「……て［して］あげる」

「フライパンをまず1分間温めてあげましょう。次に油を入れてあげましょう」

料理番組で作り方を説明していたフードコーディネーターの言葉です。

一視聴者としては「やっぱりプロの使う道具はさすが一流ね。モノが違うんだわ。食材も庶民の食卓では見かけないわね。フライパンや油といえども、丁寧語レベルではきっと失礼なんだわ」と言いたくなります。

他にも、ファッションや美容の世界で「そちらのボトムにはこちらのシャツを合わせてあげて、インしてあげるとおしゃれです」「しっかりお肌を保湿してあげましょう」など「……てあげる」の人気は、とどまるところ知らず。

「……てあげる」の「あげる」は本来「さしあげる」と同様に動作の向かう先（受け手）を高める謙譲語Ⅰだったはず。昨今では謙譲の度合いが弱まって、単に上品に表す美化語の類になってしまったのでしょうか。

一方で、この「あげる」は「写真を撮ってあげる」「料理を作ってあげる」のように、動作の受け手に恩恵をもたらす働きがあるため、目上の人には使いづらく感じる人もいます。受け手を下に見ている、恩着せがましい、そう感じさせることがあるわけです。

つまり、話し手がいくら本来の「受け手を高める表現」のつもりで使っても、聞き手に誤解を与える恐れもあるのです。それを知れば、誤解を避けたいがために、目上の人には次第に使わないようになっていくでしょう。

その結果、「あげる」の謙譲する意味が弱まり、高める対象は小さな子どもや動植物だけでなく、フライパンやシャツなどの無生物にまで及ぶ事態となったのかもしれません。

しかし、それでは、人類は無限にへりくだるばかり。

「フライパンを冷ましましょう」

「こちらのシャツを合わせて、インするとぴったりです」

「しっかりお肌を保湿しましょう」

せめてこのあたりで踏ん張りたいと思う人類の一人です。

「お宅のポチちゃんにさしあげてください」

謙譲語か美化語か？「あげる」の未来

「ポチにお昼ご飯をあげてからそっちに行くので少し遅れるよ」

「どうぞお昼ご飯をお済ませになってから、慌てずにお越しくださいね」

ポチの飼い主と、その到着を待っている人との会話です。さあ、この三角関係がどうなることか。何やら暗雲が垂れ込めそうではありませんか。今回は創作ですが、どこにでもありそうなやりとりだろうと思いつつ、例文に挙げます。

「あげる」は本来、「さしあげる」と同様に、あげる先を高める謙譲語です。

飼い主はペットに謙譲語を使っているのに、聞き手には使っていません。一方、受け手の返事は敬語のルールを踏まえています。やりとり全体も、チグハグで違和感だらけです。待たされている聞き手がイライラし、わざと尊敬語を使って距離を取っているようにも感じられます。そうでないなら、二人の間には雇用関係があるとも推測できます。

しかし、そんな推測は、あくまで「やる」「あげる」が正しく使われていると仮定した場合のこと。今や「あげる」は量産型の謙譲表現になってしまった感があるのです。

本来、ペットや植物には「えさをやる」「お水をやる」とするのが敬語のルール。「あげる」は「上げる」で、文字通り高いところに物を動かすことから、上位者への行為を表すものでした。

しかし、ペットは単なる愛玩動物でなく、家族同然だと感じる人も多い近年、許容の範囲内とする人も増えています。やがて、「あげる」は謙譲語Iとしての性質が弱まり、上品できれいな表現としての性質を強めるようになってきたわけです。

「やる」にとっては不運なことに、もともとぞんざいな印象を持っています。もっと感じの良い表現が求められていたところに、「あげる」がピタッとはまってしまったようです。もちろん、だからといって元来の用法が否定されることにも疑問を持ちます。

以上を踏まえて、冒頭のやりとりを対等な友人間で交わされたものに修正してみましょう。つまり、ポチよりも聞き手を上位者と見なし（まあ、それが自然ですよね）、丁寧語レベルの会話にするとこうなります。

「ごめんなさい。ポチに昼ご飯をやってからそちらに行くので、少し遅れそうです」

「どうぞお昼ご飯を済ませてから、慌てずに来てくださいね」

待たされる側の心情を推しはかり「あげる」を「やる」に。返す側である聞き手の「お昼ご飯」はポチを上位に見ているわけでなく、ここでは美化語として使ってみました。

さて、昼ご飯を食べるのは、ポチだけではなく「人類」も同じです。特に、家族や同僚という身内についてはどう表すべきでしょう。伝統的な「あげる」の用法に沿い、さらにウチとソトで考えれば「ソト」（家族以外や社外）の相手に話すとき、身内に「あげる」を使うのはおかしいという理屈になります。

しかし、ここでも「夫に晩御飯をやらなくちゃ」や「同僚に義理チョコのお返しをやる予定です」と聞いて雑な印象を持つ人は多いかもしれません。

使われすぎた「あげる」がすり減り、「やる」が押し下げられたことによる顛末《てんまつ》です。中には「私はいつも夫に『やる』を使う」という人もいないとは限りませんが、それはまた敬語とは別の話になるのでしょう。

「お名前様をいただけますか」「お名前を頂戴できますか」

どちらもあげられません

「お名前様を頂戴できますか」

名前の聞き方にこんな誤用があると知ってはいましたが、実際に聞くと、やはり「まさか」と思うものです。指摘するのも大人気ないかと「えーっと。名前を書けばいいですね」と素直に名前を書きました。

もしも、ここで「お名前様、って誰ですか」とでも聞いたとしたら、「あっ、『様』がいけなかったですよね。では、お名前を頂戴できますか」と返ってきたかもしれません。ダメです、嫌です、「お名前」もさしあげられません。第一「前田」って、どこにでもあるような名前ですよ。ペンネームでも芸名でも自由に名乗ればいいじゃありませんか。ん？　名前？　はい。前田ですけれど。「承知しました。もう頂戴しましたので、大丈夫です」。あれっ、いつさしあげましたか……少々長い前置きになってしまいました。「様」が盛りすぎというだけでは済まず、長大な妄想までついてきたようです。

混乱したら、元の言葉に戻すのが基本。「お名前様を頂戴できますか／お名前を頂戴できますか」を敬語なしで言うとすれば「名前をくれるか」です。

名前はあげられませんよね。襲名したかったり、名付け親になってほしかったり、相手の名前を我が子に付けたかったり……そんな特殊な状況なら分かります。

そうではなく、何かを買ったときや宿泊するときに「名前をくれるか」は不適切です。

単純に相手の名前を知りたいのなら、「名前を教えてほしい」「名前を聞いてもいいか」と尋ねるべきでしょう。いくらでもまともな表現があります。

「お名前をお教えください」

「お名前をお教え願えますか」

「お名前を教えていただけますか」

「お名前を伺えますか」

「お名前を伺ってもよろしいでしょうか」

これなら、相手によほど後ろめたい事情がない限り、素直に教えてもらえるはず。

「いただく」「頂戴する」は、盛りすぎ言葉の代表格です。

「お電話番号を頂戴できますか」

「ご住所をいただけますか」

しかし、名前と同じく、電話番号や住所も人にあげられるものではありません。花やケーキとは違うのですから。

「お名前様をいただけますか」とマニュアルで使うように定められているのかもしれませんが、そんなものを他人にあげたら、なりすましを許すことになってしまいます。

ホテルの宿泊やスポーツクラブの会員登録で相手に名前を書いてほしい。そんなときは、記入先を指して、こう言えばよいでしょう。

「こちらにお名前とご住所・お電話番号をお書き願えますか」

「こちらにお名前と必要事項をご記入いただけますか」

敬語の用法で混乱したり、疑問に感じたりしたら、今回のように敬語を省いた元の言い方に直してみること。迷路をぐんぐん進むより、最初に戻るのが近道です。

「こちらにご記入いただいてもよろしいですか」

許可まで求めるのはへりくだりすぎ

「いいえ、ダメです。記入できません」。契約書に記入せずには話も進まないけれど、もしこう答えたらどうなるのかな……そんなイケズなことはしませんが、そう思わせるくらいへりくだりすぎの表現です。

「こちらにご記入いただいてもよろしいでしょうか」

本来なら「こちらにご記入ください」でいいはずです。物足りなければ「どうぞ」を頭に付けて「どうぞ、こちらにご記入ください」とすれば、丁寧な印象になります。

それでも「ください」で終わると命令されているように感じる人がいるため、このような言い方になったのでしょう。

それにしても、いくら空気を読む時代とはいえ、ここまでへりくだる必要があるでしょうか。人に何かを頼むとき、さまざまな疑問形の依頼文を使うことは、これまでにもありました。

「こちらにご記入くださいますか」

「こちらにご記入くださいませんか」

「こちらにご記入いただけますか」

「こちらにご記入いただけませんか」

「こちらにご記入いただきたいのですが」

こうした単なる依頼の表現なら何の問題もありません。それをわざわざ「(あなたに)ここに記入してもらってもいいか」と許可を求めているところに違和感があるのです。聞き手から「いやです。勘弁してください」と言われるような事態は全く想定していないのでしょうね。


これからも、この用法は広まり続けていくのかもしれません。

「危ないので、白線よりこちら側まで下がっていただいてもよろしいですか」

「この先行き止まりです。引き返していただいてもよろしいですか」

へりくだりすぎなので「× はっきり言っていただいてもよろしいですか」。

「お手紙」「お知らせ」「お電話」「ご案内」

「お／ご」を付けても失礼にはなりません

「お手紙をさしあげます」というのは間違っていませんか。自分の書いた手紙に「お」を付けてもいいのですか。相手に失礼になりませんか――こんな質問をよく見かけます。

結論から言うと、間違っていません。「敬語の指針」（文化庁）にもこうあります。

〝「先生へのお手紙」「先生への御説明」のように、名詞についても、〈向かう先〉を立てる謙譲語Ⅰがある。（注）ただし、「先生からのお手紙」「先生からの御説明」の場合は、〈行為者〉を立てる尊敬語である。このように、同じ形で、尊敬語としても謙譲語Ⅰとしても使われるものがある〟

つまり、「お手紙」では尊敬語と謙譲語両方の役割が成立するわけですね。自分の書いた手紙に「お」を付けては相手に失礼――こう考えるのは、へりくだりすぎです。

「お／ご」が付いていると何でも美化語だと考えがちですが、使う場面によって役割が変わります。

「お手紙」同様、尊敬語・謙譲語両方に使える語としては、他にも「お祝い・お答え・おことわり・お知らせ・お電話・お土産・お礼・おわび・ご挨拶・ご案内・ご説明・ご招待・ご返事」などがあります。

例えば、取引先に対して使うとしたら、どんな場面があるでしょうか。例文を挙げます。

「お電話をいただき、ありがとうございます」（尊敬語）

「後ほどお電話をさしあげます」（謙譲語）

「新作発表会のご案内が届きました」（尊敬語）

「今後もご案内をお送りしてよろしいでしょうか」（謙譲語）

そんな話をしていたら、カバンの中の携帯がマナーモードで震えました。誰からだと思いますか？　私はこう答えます。「予約していたお店からの電話です」。

電話をかけてきた〈行為者〉を立てない場合には、こんなふうに「電話」でＯＫです。

「弊社の製品を女性誌に載せていただきまして、開発させていただいた……」

無駄に長い文章は、まず分ける

次の文を音読してみましょう。

「弊社の製品を女性誌に載せていただきまして、開発させていただいた過程がお分かりいただけるように書いていただいておりますので、社長様にもご覧いただけましたら幸いですが、普段女性誌などはご覧になられないですよね」

どうですか。息継ぎなしには一気に読めない長さですよね。しかも、いろいろとさせていただいたり、ご覧いただいたり、ご覧になったりと忙しい。誰が何をどうしたのか、言いたいことも非常に分かりにくい文章です。

全部で102文字。文字にすると長いのですが、話し言葉ならこれに近い言い方をする人はいくらでもいます。

ここまで長くなると、敬語の正誤を論じる以前の話。長すぎる一文をいくつかの短い文に分けることが先決です。

「弊社の製品を女性誌に載せていただきました。開発させていただいた過程が誠によくお分かりいただけるように書いていただいております。社長様にもご覧いただけましたら幸いでございます（が、普段、女性誌などはご覧になられないですよね）」

こうすると、一文ずつの意味が分かる上に、「させていただく」「……いただく」の必要性も判断しやすくなります。話し手は「製品を載せていただいた」ことで女性誌に恩恵を感じているのでしょうが、聞き手である「社長様」には関係ありません。ましてや「様」も不要です。「幸いでございます」は「幸いである」の意でしょうが、「幸いに思う」が自然です。一つずつ見ていくと、傍線部分は全て不適切。全体を修正するとこうなります。

「弊社の製品が女性誌に掲載されました。開発の過程が誠に分かりやすいので、ぜひ社長にもご覧いただけましたら幸いに存じます」。

敬語とは別ですが、最後の「が、普段女性誌などはご覧になられないですよね」も文脈上あえて要らないでしょう。長い文章を正しい敬語かどうか判断する場合、このように短文に分けて、一文ずつ修正していくと、全体の意味が通るようになります。

「おすすめの映画を拝見しました」

聞き手は映画監督？

フォローしていたインフルエンサーが「この映画、すごく感動した」と投稿しているのを見て、自分も同じ映画を観に行った。そんなことはありませんか。

ＳＮＳは感動を共有できる場所。身分も同じ映画を観て感動したら、それをまた伝えたくなるでしょう。教えてくれたお礼も言いたいですよね。

「おすすめの映画を拝見しました。ものすごく感動しました。教えてくれてありがとうございます」

「拝見する」は投稿・作品などを書いたり作ったり、あるいはそれを許可して見せてくれたりした人に対して使う言葉です。例えば、映画監督や出演者に対して使うなら正しい用法です。しかし、この場合、そのインフルエンサーは単に映画に感動したことを投稿しただけで、製作に関わったわけではありません。

では、どう言えばいいのでしょうか。ＳＮＳではフランクに「観ました」「観に行きました」でも失礼にはなりません。

「いや、尊敬している人なので丁寧語レベルじゃ嫌なんです」と言う人もいるかもしれませんね。では「観る／見る」を謙譲語にすればいいわけですが、実はここにも落とし穴が。一般的な動詞と違って、「観る／見る」は「お／ご……する」という謙譲語を使うことができないのです。無理に使うと「お観する／お見する」となり、不自然です。

そこで考えられる方法は、「見る」を「鑑賞する」と改まった表現にした上で、謙譲語にすることとです。

「おすすめの映画を鑑賞しました」

「おすすめの映画を鑑賞いたしました」

他にも「観に行ってまいりました」「鑑賞してまいりました」などがあります。

どうしても「拝見」という言葉を使いたいなら、映画ではなく、投稿に着目して次のように言うことはできます。「投稿を拝見して、映画を観てきました」。それを最初に言ってよ、と言われそうですね。

「愚息」「愚妻」「愚見」「拙著」「粗品」「つまらない物」

単なる謙称と知ってはいても……

「愚息が初任給でお寿司をおごってくれました」

こんな投稿をする人は、寿司だけに「愚息」をネタにしているのでしょう、きっと。「えー、どこが愚息ですか。立派な息子さんじゃないですか。うらやましい」そんなコメントが寄せられるのも想定内なのだろうと見ています。

「愚」のつく謙称は、それくらいふざけたものと受け止められると考えても不自然ではありません。伝統的にはへりくだった言い方とされてきても、近年は手紙で稀に見かける程度になりました。

人の謙称以外でもへりくだった表現は多々あります。よく練ったつもりの意見でも「愚見」、頑張って書いた原稿でも「拙稿」、心を込めて選んだ品でも「粗品」……敬語では自分に関わるものは粗末に言い表す傾向があります。決して卑屈な姿勢からではなく、古来、日本人が美徳としてきた謙遜の表現です。

それを踏まえたとしても、今の時代で無条件に使うのはへりくだりすぎです。少なくとも検討くらいはしたいもの。その上で自分の志向や場面に合うものは使えばいいし、卑下しすぎだと感じるものは使わない。要は、おざなりにしないことです。


近年、子どもや若者についてのさまざまな白書や調査では、自己肯定感や自己有用感が決して高いとは言えない様子が見られます。幼い頃から親が家族についてへりくだってばかりいると、自己肯定感は育ちにくいでしょう。言葉は思考をつくるからです。

例えば、「愚息」「愚妻」でなく「息子」「妻」。普通の言い方です。へりくだらなくても聞き手に失礼ではありません。「自慢の息子」と紹介する父親がいたら、それも素敵ではありませんか。「つまらない物ですが」より「心ばかりですが」、もっと言えば「とてもおいしいので」、「愚見」でなく「よくよく考えての意見」。そう言ったところで、誰に非難されるものでもありません。日本人はずっとへりくだりすぎてきました。普通の言い方や身内を褒める言い方も時にはよいでしょう。私自身も「拙著」の代わりに「渾身《こんしん》の著書」と胸を張れるようこの原稿を執筆中です。

「そのニュースは存じ上げております」

「存じる」と「存じ上げる」の違いとは

「今朝、○○線に車が追突したそうですね」
「そのニュースは存じ上げております」①
「実は、私がいつも通勤に使っている路線なんですよ」
「存じております。驚かれたでしょうね」②
「ええ、びっくりしました。車側の運転手が無免許だったらしくて」
「それは、存じ上げておりませんでした」③

右のやりとりの傍線部「存じる」と「存じ上げる」の違いは？　この問いに「存じ上げております」と答えた人は、ぜひ続きを読んでください。「存じております」と答えた人は、無理に読まなくてもかまいません。というのも、答えを聞かなくても、その反応だけで分かるからです。理由を説明しましょう。

「存じ上げる」「存じる」は共に「知る」意の謙譲語です。「……ている」の形でよく使われ、次のような違いがあります。

- 「存じ上げる」＝謙譲語Ⅰ。人についての知識で使う（身内は除く）
- 「存じる」＝謙譲語Ⅱ。人も含め、何についての知識でも使う（聞き手に丁重さを示す）

つまり、「二つの語の違いについて知っている」と言うときは、「存じる／存じている」を使うほうが正しいということになりますね。

さらに、ニュースは「人」ではないため、

1「そのニュースは存じております」
3「それは、存じませんでした」

こう言います。2の場合は、話し手についての知識なので、「存じ上げております」も使えます。また、肯定の場合は「存じている」「存じ上げている」を使いますが、否定の場合は「……ている」を付けずに「存じません」「存じ上げません」を使います。

以上、「存じる」と「存じ上げる」についてのニュースでした。さあ、これで二つの違いについてはもう「存じております」と言い切れますね。

「無理をしないようにと父に申し上げました」

「申す」と「申し上げる」の使い分けに注意！

「無理をしないようにと父に申し上げました」
「無理をしないようにと父に申しました」

この二つの違いは何でしょうか。「上げ」の二文字があるかないか？　それは確かにそうなのですが、もっと言えば「あるとき〜、ないとき〜」で、大阪名物の某豚まんにも負けないほどの違いがあるのです。

一つ目は、「申し上げました」によって、身内である「父」を高めることになり、明らかに間違いです。へりくだりすぎになってしまうのですね。

二つ目も「申しました」と謙譲語を使っているためへりくだりすぎだと思うかもしれませんね。ところが、問題ありません。「申しました」は「父」を高めているわけではないからです。聞き手に対して丁重に述べる謙譲語Ⅱなのです。前述の「存じ上げる」「存じる」と同様、「申し上げる」「申す」の間にも違いがあります。

●「……に申し上げる」＝謙譲語Ⅰ。……に当たる人物（補語）を高める目的
●「……に申す」＝謙譲語Ⅱ。聞き手に対して丁重に述べる目的で主語を低めている

「申す」の場合には……に当たる人物が身内でも使えます。もっと言えば、高めるのにふさわしくない人物でも使えます。例えば、犯人や怪しい人にも「申す」のは不自然ではありません。

「部下に申し上げました」「犯人に申し上げました」は、部下や犯人にへりくだった言い方です。一方、「部下に申しました」「犯人に申しました」は聞き手に対して丁重さを表しています。「部下が申しますには」「犯人が申しますには」も同様です。

補語の……が聞き手の場合には、両方使えます。「（あなたに）申し上げましたように」と「（あなたに）申しましたように」では「あなた」が尊重されていると「申し上げます」。

「ご紹介の平井さん、うちで雇わせていただきます」

へりくだっているのに上から目線

取引先の課長から知人の平井さんを紹介され、「もし可能なら、御社で雇っていただけないでしょうか」と頼まれました。人事部で面接し、採用することになったのですが、さて、どのように報告すべきでしょうか。

「先日ご紹介の平井さん、うちで雇わせていただきます」

お世話になっている取引先の課長の知人ということで、敬意を込めた表現にしたいのでしょう。前半はよいとしても「うちで雇わせていただきます」に違和感があります。

また「お雇いする」となると、へりくだっているのに上から目線のような変な感じになってしまいます。どうすればいいでしょうか。

実は、「雇う」という語には、雇ってもらう側から雇う側への謙譲語「雇っていただく」はありますが、その逆がありません。雇う側が上の立場であるため「お雇いする」「雇わせていただく」とへりくだった表現がそぐわないのです。

そこで「雇う」を言い換えて「採用する」を使います。
「先日の平井さんですが、採用が決定しました（いたしました）」
この表現であれば、上から目線にならず、取引先に報告できます。

なお、「雇う」の尊敬語には、次の語があります。

●雇われる／お雇いになる／お雇いなさる／採用される／採用なさる

雇ってもらう側からは、これらを使って次のように尋ねることができます。

「御社では新卒を雇われる予定がおありでしょうか」
「御社では新卒を採用される予定がおありでしょうか」

謙譲表現がない言葉は、「雇う」の他にも「争う」「起きる」「活躍する」「好む」「困る」「転ぶ」などいろいろあります。

例えば「好む」。「好まれる」「お好みになる」と尊敬語にはできますが、「好ませていただく」という謙譲語はありません。好んでいることを言いたいときは「この店のお好み焼きが大好物です」「好物の丼」「好感を持てる態度」などと言い換えます。

「3年間ご指導いただいた先生方、ありがとうございます」

「〜くださる」の場面でも「〜いただく」を使う人たち

卒業式の答辞でこう聞いても「御用だ！　誤用だ」と騒ぎ立ててはいけません。確かに誤用なのですが、時代劇ではないのですから静粛に。

百貨店などではよく次のアナウンスを耳にします。

「本日もご来店いただき誠にありがとうございます」

「本日もご来店くださり誠にありがとうございます」

どちらも正しい表現です。ただし、ここでは「誰が」「誰に」が隠れたままです。

「いただく」と「くださる」。どちらを使おうかと悩んだことはありませんか。

「いただく」は「もらう・受ける」の謙譲語I、「くださる」は「くれる」の尊敬語です。敬語化した「いただく」「くださる」はどちらもよそゆきで、判断しづらいですね。

そこで、元の「もらう」「くれる」に戻してみましょう。

冒頭の「3年間ご指導いただいた先生方、ありがとうございます」の場合
●「指導してもらった（いただいた）」のは生徒の側
●「指導してくれた（くださった）」のは先生方
つまり「3年間ご指導いただいた」のは、「先生方」ではなく「卒業生」となり、誤用だと判断できます。ほどよく言い換えるなら、次の表現です。

「先生方、3年間ご指導いただきありがとうございます」

「3年間ご指導くださった先生方、ありがとうございます」


他にも、「いただく」はあちこちで勢力を広げています。

「ご来店いただいた（◯くださった）方には、プレゼントをさしあげます」

「ご予約をいただいた（◯くださった）方、ありがとうございます」

この場合も「来店してくれた方」「予約をくれた方」のほうがなじむため、「いただいた」でなく「くださった」を使います。

「妻・嫁・家内」「夫・旦那・主人」

パートナーをどう呼ぶか

以前、ある俳優が自分の妻を「嫁」と呼び、ネット上がざわついたことがありました。夫婦間の呼び方に他人が口を出すのもどうかと思いますが、それもＳＮＳならでは。働き方や家族の形が多様になっている今、パートナーの呼び方は気になるテーマではあります。

中日新聞が「自分や相手の配偶者のことを人前でどう呼びますか」と８３８９人に尋ねた調査があります。

年齢が高いほど女性は「主人」、男性は「家内」と呼ぶ人が多数（いずれも80代の約４割）。若い世代ほど「夫・妻」「名前やニックネーム」で呼ぶ人が多かったそうです。40代男性では「嫁（さん）」、30代男性では「妻」と呼ぶ人が最多。40－50代女性では「旦那（さん）」、30代女性では「夫」と呼ぶ人が最多でした。

また、「話し相手の配偶者をどう呼ぶか」については、「旦那さま・旦那さん」が５割、「ご主人」が4割、「奥さん・奥さま・奥方」は8割以上。わずかながら、性別に関係なく「パートナー」「おつれあい」を使う人もいました。

＊用字は調査のまま（2023年9月／中日ボイス）。

まず、「人前で自分のパートナーをどう呼ぶか」については、相手が呼ばれたい呼び方が一番。夫婦間で普段から「どう呼ばれたい？」と尋ねておくとよいでしょう。

また、「話し相手のパートナーをどう呼ぶか」については、話し相手の言葉が参考になりそう。「うちの旦那が」と言う人には「旦那さんは」、「主人が」と言う人には「ご主人は」、「○○さんが」と名前呼びをする人には「○○さんは」と私は言います。ただ「夫は」「妻は」と言う人には「夫さんは」「妻さんは」とは言えません。多くの人が使っている「旦那さんは」「奥さんは」あたりが無難でしょう。

以上が、調査データから感じたことです。夫婦の呼び方については全ての人に対してオールマイティな言葉はなかなかないもの。個人的には「おつれあい」（1％台）がニュートラルで、かつほっこりさせられます。もう少し年を重ねたら、「私のつれあい」「○○さんのおつれあい」などちょっと使ってみたい気もしているところです。

NOTE 2

主な動詞の尊敬語と謙譲語の例

動詞	尊敬語	謙譲語Ⅰ	謙譲語Ⅱ（丁重語）
会う	お会いになる	お目にかかる・お会いする	—
言う	おっしゃる	申し上げる	申す
行く	いらっしゃる・おいでになる	*伺う・お伺いする	まいる
いる	いらっしゃる・おいでになる	—	おる
思う	お思いになる・思し召す	—	存じる
帰る	お帰りになる	（おいとまする）	—
聞く	お聞きになる	*伺う・お伺いする・お聞きする・拝聴する	—
着る	お召しになる・ご着用になる	—	—
来る	いらっしゃる・おいでになる・見える・**お見えになる	*伺う・お伺いする	まいる
くれる	くださる	—	—
死ぬ	お亡くなりになる	—	死去いたす・他界いたす・永眠いたす

出席する	ご出席になる	(相手に)出席していただく	出席いたす
知る	お知りになる・ご存じ(「知っている」意)	存じ上げる	存じる
尋ねる	お尋ねになる	*伺う・お伺いする・お尋ねする	—
訪ねる	お訪ねになる	*伺う・お伺いする・お訪ねする	—
食べる	召し上がる・お召し上がりになる	いただく	いただく
飲む	お飲みになる・召し上がる・お召し上がりになる	いただく	いただく
話す	お話しになる・お話しくださる	お話しする	—
見る	ご覧になる・ご覧くださる	拝見する	—
もらう	**(「お受け取りになる」など)	いただく(頂く)	—
読む	お読みになる・お読みくださる	拝読する	—

「お……なさる」「……(ら)れる」「……(さ)せていただく」は省いています。

* 「伺う」「お伺いする」は厳密には「訪ねる」の謙譲語Ⅰ。

**「おもらいになる」はぞんざいな印象があるため言い換えます。

3章

その敬語、失礼すぎです

身内や物を高めたり、丁寧に見えて実は横柄だったり
誤った使い方や見当違いがかえって失礼になることも

「ちょっと入らせていただきます」

許可はまだです。失礼すぎます

2章で「許可は不要なのに許可を得てそうすると見立てている『させていただく』」の用法について書きました。

あちこちで過剰に攻撃されることもある「させていただく」ですが、相手の許可を得るべき場面では堂々と使いましょう。

「来週月曜日、休ませていただけないでしょうか」（部下から上司へ）
「来月いっぱいで、退職させていただけないでしょうか」（部下から上司へ）
「失礼ですが、ちょっと入らせていただいてもよろしいでしょうか」（会議中の部屋に）

許可を得ようとする表現です。何の問題もありませんよね。自分が上司だったりしたら……と想定して読むと分かります。

しかし、もし次のように言ったとしたらどうでしょう。
「来週月曜日、休ませていただきます」（部下から上司へ）
「来月いっぱいで、退職させていただきます」（部下から上司へ）
「失礼ですが、ちょっと入らせていただきます」（会議中の部屋に）
本来許可が必要な場面で、疑問形でもなく言い切る使い方は、まさに慇懃無礼《いんぎんぶれい》です。
「私、実家に帰らせていただきます」と同じ使い方ですね。
「ダメだ、嫌だと言われても、勝手にそうさせてもらいますから」という強い意志を感じます。三つ目の「ちょっと入らせていただきます」にいたっては、「失礼ですが」と前置きしてはいるものの、さすがに商談相手も驚くでしょう。

家々に鍵をかけることも少なかった昔なら、こんな場面はいくらでもありました。ガラッと開けて「○○さーん、奥さーん……あれっ、いないかね。入らしてもらうよ。大根が採れすぎてね。置いとくよ……」。この「入らし（せ）てもらう」を謙譲語にしたのが「入らせていただく」です。今となってはそんな近隣関係は稀でしょう。オンラインで注文した品の置き配が玄関前にあるくらいで、「入らせていただきます」とはなりません。

「私がお連れ申し上げます」「○○様をお連れしました」

まるで連行!?
場面に合った言葉を選ぼう

取引先の最上部長が到着。上司のところまで案内する場面です。

話し手は、訪問への礼を述べた後、「私がお連れ申し上げます」と言ってから案内し、上司のもとへ到着すると「最上様をお連れしました」と伝えました。来客である最上部長の心中やいかに……と案じてしまいます。

「案内してくれて助かったと思ったが、これって連行だったのか！　商談のつもりで来たのだが……」とは最上部長もまさか言わないでしょうが、そんなモヤモヤした気持ちにさせてしまうのが、「お連れしました」の一言なのです。

「お連れ申し上げます」も「お連れしました」も謙譲語です。目上の相手への敬語として「お／ご……申し上げる」「お／ご……する」という形に沿った表現です。

それでも釈然としないのは、敬語にする前の「連れる」という言葉が原因です。「連れる」には、「同行する。連れにする」という意味があり、「部下を連れて視察する」「犬を連れて散歩する」「仲間を連れて逃げる」のように使います。この場面で「連れる」を使うと、まるで連行でもされたかのような心証を来客に与えかねません。

「私がご案内申し上げます」

「どうぞこちらへ。ご案内いたします」

「最上様をご案内いたしました」

「最上様がお見えになりました」

このように自然な言い方であれば、自分が尊重されていると来客も感じるでしょう。また、場面が変われば、会場などで来客に同伴者がいる場合、「お連れ様（お連れの方）もこちらへどうぞ」と使うことはかまいません。

敬語では、正しい文法であること、場面に合っていることは基本です。加えて、初めの言葉選びを適切に行うことが肝心です。もともと不適切な言葉をいくら最上級の敬語に仕立てたところで、敬語はせっかくの役目を果たせません。もったいない話です。

「ご夕食はいただきましたか」「ご夕食はいただかれましたか」

敬ったつもりが、実は失礼すぎる言葉

敬って言ったつもりの言葉が、実は失礼すぎる言葉だった。「まさか」でしょうが、よくあることです。

「ご夕食はいただきましたか」

「ご夕食はいただかれましたか」

これらはいずれも誤用です。

「いただく（頂く）」は「もらう」「食べる」「飲む」、また「お風呂に入る」意の謙譲語です。Aからもらって食べたり飲んだりする動作について、Aを高めます。

例えば食事をごちそうになり「では、遠慮なくいただきます」は、もてなしてくれた相手を高めている言い方です。お風呂を勧められて「お言葉に甘えて、お先にお風呂をいただきます」も勧めてくれた相手を高めている言い方です。つまり、ごちそうになったり、

お風呂に入ったりしている自分側の動作を謙遜しているわけです。

しかし「ご夕食はいただきましたか」では、敬うべき相手の「食べる」という動作を謙譲語の「いただく」で低めているため、失礼です。

この状態で、さらに「……れる」と尊敬表現を加えて「ご夕食はいただかれましたか」としたところで、挽回はできません。

尊敬表現にするなら「ご夕食は召し上がりましたか」が自然。

「ご夕食はお召し上がりになりましたか」は、本来二重敬語ですが、許容の範囲とされています。「ご夕食はお召し上がりになられましたか」は盛りすぎで、誤りです。


なお、次のような表現は本来は誤りですが、近年は丁重語の用法として認められます。

「晩御飯ができましたよ。ご一緒にいただきましょう」

「食事の後はいつもお茶をいただきます」

「旅館では到着すると、すぐにお風呂をいただきます」

三つ目は人によっては違和感があるかもしれませんね。「お風呂に入ります」のほうがまだ自然だと感じる人も少なくないでしょう。

「レシート、ご利用されますか」

「ご利用される」「ご持参される」「ご出発される」はエセ尊敬語？

「レシート、ご利用されますか」

レジ前で店の人からこう言われた私の脳内で、「はて」と一瞬ねじれ現象が起こりました。レシートを利用するのは店側か、客側か？　「ご利用されますか」は謙譲語＋尊敬語なのか、それとも過剰な尊敬語なのか？　そんな思いが忙しく駆け巡りました。


早い話が誤用です。「ご利用されます」の部分は一見すると敬語のように感じるかもしれませんが、間違いです。エセ尊敬語なのです。「ご利用する」という謙譲語に「れる」を付けても、正しい尊敬語にはなりません。

「筆記具をご持参されてください」「早めにご出発されてください」「無事ご卒業されました」なども同様に間違いです。

あまりにもよく耳にするため、正しいのかと錯覚しそうになるかもしれませんが、相手の行為に「お／ご……される」は使えません。

「利用する」「持参する」「出発する」「卒業する」のような「……する」型の動詞（サ変動詞）を尊敬語にする場合、簡単なのは以下の方法。覚えておくと便利です。

●「……する↓……なさる」に変える
「レシートは（ご）利用なさいますか」
「筆記具を（ご）持参なさってください」
「早めに（ご）出発なさってください」
「無事（ご）卒業なさいました」

「ご」は付けてもかまいませんが、「落選する」のように「落選なさる」とは言えても、「ご落選なさる」とは言えない場合もあります。そのため、まとめて「ご」なしで「……なさる」で覚えておくほうが無難です。

「この投稿を拡散ください」

「お／ご」の抜けをご確認ください

敬語は言葉の身だしなみ。改まった場にはジャケットを着たり、ネクタイやチーフを使ったりしますよね。敬語もそれと同じで、使うべき文字や言葉があります。見た目には敬語風なのに、その必要なものが抜けていると落ち着きません。


「この投稿を拡散ください」

「詳細は下記より確認ください」

「要項については下記を参照ください」

「もっと詳しく説明ください」

「なぜこうなるのか解説ください」

「オンラインで取り寄せください」

右に挙げた表現では、いずれも「お／ご」が抜け落ちています。

× 拡散ください↓○ご拡散ください
× 確認ください↓○ご確認ください
× 参照ください↓○ご参照ください
× 説明ください↓○ご説明ください
× 解説ください↓○ご解説ください
× 取り寄せください↓○お取り寄せください

どれも「お／ご……ください」の形にして初めて尊敬表現が成立します。盛りすぎないほうがいいとは言っても、何でも省けばいいわけではありません。

また、「お／ご……ください」のほうが、「……してください」よりも敬意の度合いが高い表現です。タイパ（タイムパフォーマンス／時間効率）が重視される時代ですが、ネクタイが必要な場にノーネクタイは居心地が悪いもの。外出前のチェックよろしく、「お／ご」をちゃんと付けているか、くれぐれも「ご確認ください」。

「お求めやすいお値段になっております」

「お求めになりやすいお値段」じゃダメですか？

「いらっしゃいませ！　お求めやすいお値段になっておりますよぉ！」

なんと！　私もお値打ち品は大好きですとも。しかし、スーパーやデパ地下などで一体いくらに？　と値段以上に気になるのがその言い方。要は、誤用なのです。

値下げなので変化を意味する「なっております」は合っています。問題は「お求めやすい」です。一見、敬語のように見えますが、実は敬語もどき。「お求めになりやすい」が正しい表現です。

よくよく考えると、普段「お越しやすい場所」「お話しやすい雰囲気」「お支払いやすい仕組み」「お考えやすい環境」「お歩きやすい靴」などの言い方はあまり聞きません。最後の「お歩きやすい靴」を自然に受け止める人はまだ少なく、文化庁の調査（令和元年度）では「お歩きやすい靴を御用意ください」を「気にならない」と答えた人は2割。

8割近くの人が「気になる」と答えています。

これらを差し置いて、なぜ「お求めやすい」だけが、絶賛売り出し中とばかりに店頭をにぎわせているのでしょうか。

もしかしたら「やすい」「お値段」の語も混乱の元ではと推察します。「お求めやすい」と口にしてみてください。耳から入ると「お求め易い」と「安いお値段」両方が余韻として残りませんか？　その聞き間違いを誘うようにこの誤用が仕組まれているとしたら……なんて勘ぐってしまいそうにもなりますね。

まあ、そんな裏があってもなくても、「お求めやすい」は尊敬語もどきで誤りです。

「お求めになりやすいお値段になっております」だと「なるなる続き」が嫌ですか？

それなら威勢よく「タイムセールです！　今だけお値頃！　お求めになりやすいお値段です」と「限定」を強調するのも得策。物価上昇が気になるご時世、値頃品というだけでも十分魅力的だと思うのです。

「先生はもうすぐ来られます」

先生呼びの業界にも変化が⁉

ある弁護士事務所に行ったときのこと。見出しの「先生」とは担当弁護士のことで、身内の上司を先生呼びしているのは、お茶を運んできた女性です。

担当弁護士は、売り主の後見人。相手の売り主が高齢で認知症があるため、私はその後見人の事務所に出向き、「先生」を待っていたのです。

国家資格を持つ士業の世界では、有資格者を「先生」と呼びます。医療関係・学校関係者の慣習と同じですね。企業法務を行う弁護士は社員からそう呼ばれるでしょうし、有資格者同士でも「先生」と呼び合うでしょう。

しかし、事情があって後見人に依頼したのは、売り主の家族です。依頼人でもない所外の相手に対する「先生はもうすぐ来られます」は、不自然に感じられました。

同じ状況がもし病院や学校なら自然です。診察を待つ私に少し待つよう伝える看護師の言葉、三者面談を待つ保護者にそう伝える同僚教師の言葉……いずれも患者として、保護者として違和感を持つことはありません。弁護士事務所でも、私が依頼主やその家族だとするなら「先生はもうすぐ来られます」はすんなり受け入れられる表現です。

つまり、冒頭で違和感を持ったのは、「ウチとソト」の関係だけでなく、診察や指導を直接受けているかどうかといった「聞き手との関係性」が全く考慮されていなかったからに他なりません。

「先生」呼びについては、近年、学校でも多少の変化が見られます。生徒やその保護者に対しては「○○先生はいらっしゃいません」と言うものの、そうではない校外の相手には「○○教諭は外出中です」と言うこともあるようです。「平田先生」でなく「平田教諭」と職名で呼んだり「いらっしゃいません」を「外出中です」と表したりするのは、過剰さを抑えた中立的な言い方です。もちろん、そう呼ぶ人もいるというだけで、常識とされるほど定着はしていないかもしれません。けれど、聞き手との関係性や場面を考えることなく、機械的に使う言葉よりは、重宝されてよい表現だと考えるのです。

「先輩も飼われていましたか」

レル敬語と「謎の誰か」

「先輩も飼われていましたか」（小動物を飼っているという話題を受けて）
「先生もそう思われていたのですね」
「課長は手を固く握られていました」

あっ、どうか眉をひそめたりしないでください。ここでの「……れている」は受け身ではなく、尊敬の表現です。「先輩」「先生」「課長」という言葉から、尊敬の意味を表す言葉だろうと、かろうじて推測はできるかもしれません。

しかし、そうだとしても、「飼う」「思う」「握る」の受け身だと誤解されないとも言い切れません。「先輩も（誰かに）飼われて」いたり、「先生も（誰かに）そう思われて」いたり、「課長は（誰かに）手を固く握られて」いたり……怪しい謎の誰かが登場して、あらぬ方向へ話がいきそうになるのが「れる・られる」を付けるレル敬語です。

レル敬語は手軽で使いやすいのですが、「お／ごになる」を付けるナル敬語に比べ、敬意の度合いは軽くなります。ナル敬語が最上という意味ではありません。尊敬語の「お／ご……くださる」「召し上がる」、謙譲語の「お／ご……する」「拝見する」などと程度はほぼ同じです。レル敬語だけが他より軽いのです。

とはいえ、「お／ご……になる」が合わない言葉もあるわけですから、レル敬語の絶対禁止令というわけではありません。誤解のない使い方をしようということです。

ここでは「……られている」でなく、「……ていらっしゃる」に言い換えてみましょう。「て」より後半を敬語にする方法です。

「先輩も飼っていらっしゃいましたか」
「先生もそう思っていらっしゃったのですね」
「課長は手を固く握っていらっしゃいました」

これで、もう受け身だと誤解はされません。謎の誰かもいなくなりましたね。「可能や受け身と勘違いされやすい」というレル敬語の特徴を踏まえておくと、誤解が生じるケースも減らせるでしょう。

「部長もそう考えられていたのですね」

後ろを生かせば敬語が生きる

「部長もそう考えられていたのですね」

「部長もそう考えていらっしゃったのですね」

どちらも文法的には間違いではありませんが、より自然だと感じるのはどちらでしょうか。後者のほうが少し長めながらも自然で、敬語らしい敬語という印象があります。

ちょっと回りくどい話をしますね。

「考えている」を敬語にする場合、パッと思いつくのは「考える」と「いる」のそれぞれを敬語にする方法です。「考えられる」は「尊敬」ではなく「自発」の意味に受け止められる恐れがあるので採用しません。そこで「お考えになる」を使います。

「お考えになる（考える）」＋て＋「いらっしゃる（いる）」とつないでから過去形にすると、「お考えになっていらっしゃった」となります。

さらに、「お考えになっていらっしゃった」の前を省いて後のほうを生かします。

●「お考えになって」は敬語にせず「考えて」のまま

●「いらっしゃった」を生かす

これにより「考えていらっしゃった」となります。

「部長もそう考えていらっしゃったのですね」

スッキリして、しかも敬意の度合いも低くはありません。

「部長もそう考えておいでだったのですね」

「部長もそう考えていらしたのですね」

いずれも後ろを生かした表現です。

「部長もそう考えられていたのですね」は、後ろを省いて前を生かしていますが、この場合は、相手に敬語とは受け止めてもらえない恐れさえありますよね。後ろを生かせば、敬語が生きる上、落ち着いた印象を与えられます。

「妻からいただきました」

身内を高める恐妻家？

「とっても素敵なネクタイをお召しですね。どなたからかいただかれたんですか」
「これは、妻からいただきました」

司会者の誤用に釣られて、ゲストも誤用を重ねてしまったと思われるやりとりです。正直、ゲストに同情してしまいました。収録という慣れない場面で、進行側が「いただかれたんですか」（謙譲語＋尊敬語）と聞けば、深く考えず反射的に「妻からいただきました」と答えるのは無理もないことでしょう。

「人前で身内に対してへりくだるなんて、よほど奥様がこわいのね」と思われてしまうと、ネクタイを選んだ「妻」までも気の毒ですね。

しかし、ここは司会者を責めず、「敬語はプロでも間違える」と認識して、自前の敬語力を磨くのが賢明。トラップにかからないためにも、謙譲語をマスターしましょう。

尊敬語が主語を高めるのとは対照的に、謙譲語は主語（よくあるのは話し手・家族・社内の人間）を低めて、結果的に相手側（聞き手・読み手）や話題の人物を高める働きがあります。冒頭の司会者のように、「いただく」を相手の動作に使うことは失礼です。

また「いただく」は「もらう」の謙譲語Ｉ（特定形）です。「妻からいただきました」は、自分を低めて妻を高めていることになるわけですね。

仮に司会者が「どなたからかのプレゼントですか」と尋ねたなら、ゲストは「はい、妻からです」と答えたでしょう。あるいは「妻がくれました」「妻にもらいました」と答えたかもしれません。これらは、どれも問題のない言い方です。

特定形はこんなふうに、するりと会話に紛れ込んでくるものです。

一般形と違い、「お／ご……する）」「……いたす」などが使われていません。慌てたときに、謙譲語か尊敬語か、判別を誤ってしまうのでしょう。そうたくさんあるわけではないので、チェックしておくに越したことはありませんね。

「記念品をもらわれましたか」

目上の人が「もらう」とき、何と言いますか

「もらう」の尊敬語は「もらわれる」「おもらいになる」です。試しに、そのまま使ってみましょう。例えば――

●キャンペーンの告知で
「先着でプレゼントをおもらいになれます」

●イベントへの来場者に
「記念品をもらわれましたか」「記念品をおもらいになりましたか」

●文学賞をもらった先生の紹介で
「○○文学賞をもらわれた夏目先生です」

文法的には「……れる」「お……になる」の形にはまっています。間違いではないはずですが、どうもしっくりきませんよね。△といったところでしょうか。敬語に慣れた人は

まず使わない表現です。

どうやら「もらう」は、言葉自体の印象から、目上の人に使うには敬意に欠けた印象を与えてしまうようです。こんなとき無理に使っても、失礼な印象になったりしますね。「受け取る」「受賞する」に言い換えるか、文全体を工夫するかです。

●キャンペーンの告知では、いっそ主語を自分側にして
「（弊社は／弊社から）先着でプレゼントを進呈いたします」
●イベントへの来場者には「もらう」を「受け取る」に変えて
「記念品をお受け取りになりましたか」「記念品を受け取られましたか」
●文学書をもらった先生の紹介では「受賞」を使って
「○○文学賞を受賞された夏目先生です」

これならしっくりきます。

ちなみに、「もらう」を謙譲語にすると「いただく」「頂戴する」「頂戴いたす」「賜る」です。尊敬語にする場合と異なり、謙譲語ではスムーズですね。

「お客様、ここにおられましたか」

「おられる」は間違い？

来店客から商品の場所を聞かれて探していた店員。答えようとしたら、今度は客が見つからない……やっと見つけた場面での一言です。

「お客様、ここにおられましたか」は、不自然とは感じない地域もあるかもしれませんが、地域によっては違和感を持たれることがあります。

「おられる」は連語です。次の形で成立します。

●「おる」の未然形＋尊敬・可能の助動詞「れる」

「おる」が謙譲語Ⅱのため、それに尊敬語を付けることも、本来おかしなこと。それでもかなり「おられる」をひとまとめに尊敬語として使う人がいるのは、「おる」を謙譲語として見ていない人・地域も多いからだとされています。

プライベートで使っても、さほど大きな問題は起きないかもしれません。

しかし、もし接客の場面で一様に「おられる」を使ってしまうと、中には尊敬語とは捉えない人もいるため、誤解されるリスクもあります。


そのため、ビジネスで使うなら、「おられる」「おられます」は他人には使わないと決めるほうが安全です。代わりに、

「お客様、こちらにいらっしゃいましたか」

「お客様、こちらにおいででしたか」

を使いましょう。

「おいでです」は、公的な硬めの文書には使いませんが、口頭では男性でも女性でも使える尊敬語です。「ここ」を「こちら」に変えると、さらに丁寧になります。

社内で目上の相手にも同じように使えます。

「専務、こちらにいらっしゃいましたか」

「専務、こちらにおいででしたか」

「おられましたか」と言いそうになったら、この二つを思い出してください。

「○○会長からご挨拶をいただきます」

ウチとソトを意識しよう

いきなりですが、クイズです。

「ある会合で自社の会長が挨拶をするとき、司会者が『○○会長からご挨拶をいただきます』と言いました。正しいでしょうか。それとも間違いでしょうか」。

この問いに「分からない」と答えた人、正解です。

一般的に、敬語の正誤は、その言葉だけで判断できないことが多いのです。誰が、どんな場面で、誰に対して使うのか。それが明らかでなければ、判じられません。

右の場合でも同様。判断材料が少なく、答えるにも答えられないのです。ただし、「ご挨拶をいただきます」が会長を立てている表現だということだけははっきりしています。

想定できる場面は二つ。一つは、取引先も招いての会合。「○○会長からご挨拶をいただきます」は○○会長を高めて、取引先や自社の社員、つまり参加者全員を低めていることになります。身内はよしとしても、取引先に対して失礼ですね。次が正しい表現です。

「会長の○○からご挨拶を申し上げます」

司会者は会長の側に立って紹介しています。この場合、たとえ会長でも社長でも○○様、○○さんと敬称をつけることはありません。

もう一つは、自社の社員だけが参加する会合。これなら「○○会長からご挨拶をいただきます」は適切です。司会者が社員と同じ側に立ち、会長を立てているからです。

クラスの同窓会で恩師から挨拶をもらう場合も同様で、「○○先生からご挨拶をいただきます」と紹介するでしょう。一方、同窓会の周年記念式典など大規模な場合は別です。多様な年代の会員に対して寄付の依頼や支援への感謝を伝える性質が強まるはず。「会長の○○からご挨拶を申し上げます」と言うほうがなじみそうです。

とはいえ、あくまで一般論。会合により事情は異なるでしょう。判断しづらい場合にはとっておきの方法を――「会長からのご挨拶でございます」と言えば、会長と参加者のどちらに対しても失礼になりません。

「課長は昼食で外出していらっしゃいます」

電話はやっぱり苦手です

その日新人の平田は、電話の前で緊張していた。上田部長が出張しているからだ。彼は電話が苦手で、先日も部長から優しく諭されたばかり。取引先から課長宛の電話に「中田課長は昼食で外出していらっしゃいます」と答えてしまったのだ。

「課長の中田は外出しております、だね。理由も、わざわざ言わなくてもいいですよ」

（はー、難しいなあ。「中田課長」でさえ呼び捨てっぽく感じるのに、役職は敬称と同じだもんな。分かっていても、つい敬語になっちゃうよ。大丈夫だ。メモを読むだけでいい）。

そう言い聞かせつつ、ケースごとに細かく書いた手元のメモで復習もした。

〝あいにく部長の上田は出張しております。水曜には出社いたしますが、いかがいたしましょう。お急ぎであれば、上田からご連絡さしあげましょうか／念のため○○様のご連絡先をお教え願えますでしょうか／（伝言を受けたら）復唱いたします／確かにご伝言を承りました／私、営業一課の平田と申します。それでは失礼いたします〟

復習した甲斐あって、午前中は社外からの電話対応を無事にこなした。先輩からも誉められて、一安心。「昼休みの電話もお任せください」とデスクで弁当を広げた。

以上はドラマ仕立てで書きました。電話の対応は新人研修の必須項目ですが、彼のように苦手意識を持つ人は近年増えているようです。ルルル〜♪　あれっ、また電話の音……。

「上田はおりますか」と女性の声。平田は口の中のご飯をお茶で流し込み、こう答えた。

「あいにく部長の上田は出張しております」

すぐにハッとした。部長の名を呼び捨てにするからには、相手は……しまった。奥様に違いない。ここは「上田部長は出張していらっしゃいます」と言うべきだった。

「確か水曜まで出張でしたね。そう聞いておりました。失礼いたしました」ガチャ。

（出張は火曜までだけれど、訂正する間もなかったな。奥様なら直接スマホで連絡しそうなものだけれど、何でわざわざ会社に？）

部長にどう報告すべきだろうと考えながら、平田は弁当の残りをかき込んだ。

「先生が私の職場に伺ってくださった」

その謙譲語、不適切です！

「伺ってくださる」「伺っていただく」は、正しいでしょうか、誤りでしょうか。

失礼しました。意地悪な質問ですよね。この問いに「もちろん、正しい、でしょう。敬語連結は間違いではないはず」と答えるのは早計です。答えは「どちらともいえない」。

どちらも単独で見れば、敬語連結として文法的に問題はありません。ただ、敬語の正誤はそれだけではありません。正しいか、そうでないかは、使われている場面において適切かどうか、という点でも検討が必要です。

例えば「先生が私の職場に伺ってくださった」「先生に私の職場に伺っていただいた」は、誤りです。なぜなら、「先生が私の職場を訪ねる」ことを謙譲語Ⅰ「伺う」で述べ、先生を低めて、私を立てていることになるからです。先生に対して失礼すぎる表現になってしまっているわけですね。

一方、以下はある条件においては、無理がありません。

「平田さんが先生のお宅へ伺ってくださった」
「平田さんに先生の大学へ伺っていただきました」
「平田さん、先生のところへ伺ってくださいませんか」

どれも「伺う」で先生を立て、「くださった」「いただきました」「くださいませんか」で平田さんを立てています。

敬意の度合いが「先生 ― 平田さん ― 話し手」の順だという条件下では、先生にも平田さんにも失礼にはなりません。例えば、平田さんが話し手と同じ学校の同窓生で、先生の指導を受けていた人物であるケースなどです。

謙譲語では、自分や身内（家族や社内の人物）が主語になることが多いのですが、それだけではありません。このように、自分や身内以外の人物が謙譲語の主語になることもあるのです。

「うちの母にお目にかかっていただけないでしょうか」

あなたのお母さん、えらい人なんですね

上京する母親が、自分の会社の先輩に挨拶したいと言うので、先輩に「会ってもらえるか」と尋ねたい。そんな場面での言葉です。

「先輩、うちの母にお目にかかっていただけないでしょうか」

「先輩、うちの母にお会いしていただけないでしょうか」

「お会いしてもいいけど、もしかしてあなたのお母さん、ものすごくえらい人なのかな。それともこわい人？」……先輩の心の声がもれ出てしまいました。

「お目にかかる」も「お会いする」も謙譲語。母親の動作を低めて聞き手（先輩）を高めることはあっても、聞き手の動作に使うことはありません。この表現だと、「先輩」をへりくだらせて、身内である「うちの母」を高めていることになってしまいます。

「お」が付いていると丁寧な言葉のように見えますが、実は失礼すぎる誤用になってしまっているのです。

「うちの母」が主語なら謙譲語が使えます。

「うちの母が先輩にお目にかかりたいそうです」

「うちの母が先輩にお会いしたいと申します」

右の表現に続けて、次のように言うことができます。

「先輩、うちの母にお会いになっていただけないでしょうか」

この言い方なら、先輩に失礼になる恐れはありません。後輩である話し手の母親と安心して会ってくれるでしょう。

「会う」の謙譲語も尊敬語も複数ありますが、謙譲語は「お目にかかる」「お会いする」、尊敬語は「お会いになる」を主に覚えておくと使いやすいでしょう。

また、「お会いになられる」（二重敬語）や「お会いされる」（謙譲語を尊敬語化）もよくある誤用です。

「どうぞ、おあがりください」

いくつもの顔を持つ「あがる」

「あがる」という言葉はなかなかの曲者《くせもの》です。試しに、次の「おあがりください」は正しいか間違いか、どちらだと思いますか。

❶ 宅配便の再配達を待っているところです。配達人から「これからお荷物をお届けにあがりたいのですが」と連絡を受け、「どうぞ、おあがりください」と答えました。

❷ 届いた荷物は、組立式家具。「こちらで組み立てるよう伺っております」と配達人に言われ、「どうぞ、おあがりください」と答えました。

回答は「❶×　❷○」です。最初に配達人が使った「あがる」は「訪ねる」という意味の謙譲語Ⅰです。それに対して「おあがりください」と答えるのは、謙譲語を相手に使ってしまうことになるので、間違い。丁寧に言ったつもりでも、失礼すぎる言い方です。

②で使われている「あがる」は「家にあがる。室内に入る」という意味です。謙譲語ではなく、招き入れて組み立ててもらう側が「おあがりください」と使えます。正しい表現です。

このように、同じ「おあがりください」でも、場面やタイミングによって、正しいときと正しくないときがあるわけですね。

もっといえば「あがる」には、「食べる・飲む」の尊敬語（特定形）という三つ目の意味もあります。食事や飲み物を供する側が使う「おあがりください」も正しい用法です。

あ、そういえば、まだまだあります。人前に出て緊張するのも「あがる」、トランプや麻雀で勝ち抜けするのも「あがる」と言いますね。

三つどころか、いくつもの顔を持つ語です。

「あがる」に限らず、敬語ではその語句だけで機械的に正誤を決めることはできません。「誰が・誰に・どんな場面で」が明らかになって初めて判断できるわけです。

「お持たせでございます」

おいしそうなお土産。社内で楽しみたいけれど……

「お持たせで失礼ですが」

この言葉からどんな場面を想像しますか。「訪問先にお土産を渡すときに言う言葉でしょう？」。残念ながら不正解です。

「お持たせ」は、もらった側がそのお土産を指していう尊敬語。持って行く側が使う言葉ではありません。もらったお土産を持ってきてくれた客に茶菓子として出すときに使う言葉が「お持たせで失礼ですが」という慣用句です。

これは「お客様からのいただき物でおもてなしするのは失礼ですが」という意味の正しい表現。礼儀にかなったことでもあります。お菓子を用意していなかったときだけでなく、用意していたときにも「お持たせ」を出すことはありえます。せっかくのお土産をしまい込まずに一緒に楽しむことで、客をもてなす気持ちを表しているわけですね。

そんな「お持たせ」という言葉は、ビジネスでの改まった場面でも使われますが、気軽な友達同士でも使われます。

もっと言えば、自分の大好物を訪問先の友人と一緒に楽しみたい気持ちから、冗談めかして「お持たせよ〜、すごくおいしいの。これでお茶しましょうよ」と差し入れをすることは以前からありました。持参する側が本来使う言葉ではないと知りながら、親しい間で限定的に使うお茶目な言葉でもあったのです。

ところが、昨今ではこの「お持たせ」を、手土産やお土産と同じ意味だと勘違いする例もあるようです。

「先方にお持たせを持って行くなら、○○にするといいよ」（上司から部下へ）

「帰省してきました。これは博多からのお持たせです」（話し手から同じ部署の皆へ）

「おすすめのお持たせは、何があるでしょうか」（質問サイトで）

こんな表現は序の口です。問題は、大切な取引先へのお土産を渡すときに「お持たせでございます」と自分を尊敬してしまうこと。給湯室では「お持たせですって。社長から言われて用意したお菓子もあるんだけど、どうしましょう」と大慌てかもしれませんね。

「これから叔母の家に伺います」「容疑者に自首するよう申し上げました」

「伺う」「まいる」と「申し上げる」「申す」

「これから叔母の家に伺います」

敬語では、その言葉だけで正誤を判断できないことが多いのですが、この場合は明らかに誤用です。

「伺う」は謙譲語Ⅰで、補語（訪ねる先）に対する敬語です。この言い方だと、話し手は「叔母」を高めていることになります。ウチとソトの関係では、他人に対して話すとき、親戚関係の人物は身内です。失礼すぎる言い方になっていますね。

「これから叔母の家にまいります」

これなら分かります。「まいる」は謙譲語Ⅱで、聞き手への敬語です。聞き手を高める「まいる」は、どこが行き先でも使えます。「ローマへまいります」でも、身内である「実家へまいります」でも、「噂の幽霊屋敷へまいります」でもＯＫです。補語となる行き先を高めているわけではないので、行きたくないところや怪しいところでも使えます。「伺う」と「まいる」は両方とも、「行く」という意味の謙譲語ですが、謙譲語Ⅰか謙譲語Ⅱかで、こうも違うわけですね。

96ページでも先述したように、同じようなことが「申す」と「申し上げる」でも起こります。

「その空き巣に自首するよう申し上げました」

誰がどう聞いても不自然だと思うでしょう。「申し上げる」は謙譲語Ⅰで、「○○に申し上げる」と使い、○○に当たる補語を高めます。高めるのにふさわしくない人物や身内を補語とすることはできません。一方、次の言い方は成立します。

「その空き巣に自首するよう申しました」

空き巣を尊敬しているのか！　と早合点はいけません。「申す」は謙譲語Ⅱで、聞き手に対して丁重に述べるため、主語（ここでは話し手）を低めているだけです。決して空き巣を高めているわけではありません。補語が高めるのにふさわしくても、そうでなくても、関係なく丁重な表現が成り立ちます。「伺う」と「まいる」、「申し上げる」と「申す」。使い方に迷ったら「ふさわしくない人物」を想定してみると区別がつきます。

「祖母のご法要」

葬儀に関する「ウチとソト」

「祖母のご法要があるので休ませていただけますか」

急な法事で会社に休暇を願い出る場面です。「休ませていただけますか」という表現は合っていますが、「ご法要」より「法要」のほうがしっくりきます。

「祖母の法要があるので休ませていただけますか」

謙譲語としての「お／ご」の付け方は悩みの種かもしれませんね。

（自分側）の事・物・動作で、他人に影響が及ばないものには「お／ご」を付けない――こう覚えておくと迷いません。

「法要」と違い「休み」は会社からもらうことになるため、「お休み」でOKです。「休ませていただけますか」でも「お休みをいただけますか」でもよいわけです。

また、自分側（ウチ）の死去を身内以外（ソト）の人に知らせるときは「死去いたしました」「亡くなりました」「他界いたしました」「永眠いたしました」と言います。

「亡くなる」は、人が死ぬことを婉曲《えんきょく》的に表す言葉です。相手だけでなく、身内など自分側の人物の死（主に自分より年長者）についても使います。年少者については、通常、話し手を主語として「○○を亡くしました」と言います。

さらに、ペットの死についても「○○ちゃんが旅立ったのですね」「天に召されたのですね」のように「死」という言葉自体を避ける傾向があります。

また、会社の会長が亡くなり、その葬儀について社内で話すならこうでしょう。

「会長がお亡くなりになりました。ご葬儀は以下の通りです」

その際、会長の知人が弔電を打つとしたら、例えば「ご逝去を悼み……」と始めます。「逝去」は「他人の死の尊敬語」（『広辞苑 第七版』）なので、「ご逝去」を使います。

日頃使い慣れていない言葉は、いざというときに慌てるもの。言葉の使い方もチェックしておきましょう。もしもの場合に備えるのは不謹慎なことではありません。大切な人を思うからこそその心がまえだと言えるでしょう。

「どうぞご笑覧ください」

それ、本当につまらないものですか

「お客様のお声のページを更新しました。ぜひ、ご笑覧ください」

さて「ご笑覧」とは？　自分のものを人に見てもらうとき、「つまらないものですが見てください」という意味で、へりくだって使う言葉です。

せっかくいただいた大切なお客様のお声。それは、絶対に「つまらないもの」などではありませんよね。どこかで目にした言葉を深く考えずに使ったのでしょう。感想の主に対して失礼すぎる表現です。

「ご笑覧」や「ご高覧」は、メールや手紙、書面などの文章作成時に使えるかしこまった言い回し。「ご高覧」は尊敬語で「ご笑覧」は謙譲語です。展示会の案内などでよく使われるこれらの表現。以下は、どれも「ぜひ、見にいらしてください」という意味です。

機械的に言葉を入れ替えがちかもしれませんが、いずれも微妙な違いがあります。

「ぜひ、ご笑覧ください」（ご笑覧＝「見ること」の謙譲語）
「ぜひ、ご高覧ください」（ご高覧＝「見ること」の尊敬語）
「ぜひ、ご清覧ください」（ご清覧＝「見ること」の尊敬語）

仮に催事の案内としましょう。「高覧」は口頭でも使えますが、「清覧」は手紙など書面で使います。ビジネスの展示会でも使える言葉です。

対して、へりくだって使う「笑覧」は、満を持して新商品を発表する展示会の案内文にはふさわしくありません。趣味の作品を並べたアットホームな個展なら合うでしょう。

「笑」にはへりくだる意味が含まれ、「笑覧」の他にも「笑納」「笑味」があります。控えめな態度を示すときに次のように使います。

「ぜひ、ご笑味ください」（ご笑味＝「味わうこと」の謙譲語）
「ぜひ、ご笑納ください」（ご笑納＝「納めること」の謙譲語）

ただし、昨今では必要以上にへりくだることもないと考える人も増えています。特に精魂込めた自信作なら、「趣味の木工作品です。夢中になって創りました。ぜひ、ご高覧ください」と案内するのも素敵です。

「今、書類を揃えさせます」

やたらと「……させる」えらい人

打ち合わせの途中で資料が足らない。署名をもらうはずの書類が足りない。打ち合わせの途中でそれが分かったとき、こんな言い方を聞くことがあります。

「今、持って来させます」

「すぐに用意させます」

「今、スタッフに揃えさせます」

使役形を使った丁寧語です。尊敬語や謙譲語に比べ、敬意の度合いは低くなるものの、文法的な間違いはありません。

ただ、もし自分が客なら落ち着かない人もいるのではないでしょうか。その原因は「……させる」という使役の言葉です。単純に、話し手は日頃から的確な指示を出す役職の高い人物なのでしょう。それを誇示する意図もないとは思います。しかし、「あなたのために社員に命じて持って来させるのですよ」と言われているようで、少々居心地が悪いと感じてしまうのです。

使役表現しかないのでしょうか。同じ内容を述べるにしても、「させる」を使わずに済ませることはできます。

「今、持ってまいります」
「すぐにご用意いたします」
「今、スタッフがお持ちします」

この言い方なら、聞き手が相手の社員やスタッフへの申し訳なさを覚えることはありません。また、謙譲や丁重さの表現により自分が尊重されていると感じるでしょう。

ビジネスでもプライベートでも、場面に合った適切な敬語を使いさえすれば、完全無欠のコミュニケーションが整うわけではありません。

どんな言葉を選ぶか。選んだ言葉に「その人」が表れます。部下に対して「やってもらう」という態度で接する人は、傍目《はため》にも信頼のおける人だと感じられます。

NOTE 3

敬語の接頭辞

尊敬を表す漢語形の接頭辞

相手や相手側の人や物事の頭につけて、敬意を表します。

御（御身・御地・御母上・御父上・御礼・御自ら）

貴（貴意・貴下・貴君・貴兄・貴紙・貴誌・貴社・貴殿）

令（令息・令嬢・令兄・令弟・令姉・令妹・令室・令夫人）

尊（尊影・尊顔・尊台・尊父・尊名）

賢（賢察・賢兄・賢弟）

高（高名・高説・高配・高評）

芳（芳名・芳志・芳書）

玉（玉案・玉稿・玉章）

謙譲・丁重を表す漢語形の接頭辞

自分側に関する物事や動作について、謙遜する意味を表します。

拝（拝謁・拝見・拝察・拝受・拝聴・拝読・拝借）

小（小考・小稿・小社・小店・小生）

愚（愚考・愚見・愚案・愚夫・愚妻・愚息・愚女・愚兄・愚姉・愚弟・愚妹）

粗（粗品・粗酒・粗茶・粗餐《さん》・粗菓・粗飯）

薄（薄志・薄謝）

拙（拙宅・拙文・拙著）

弊（弊紙・弊誌・弊宅・弊店・弊社）

寸（寸志・寸書・寸簡）

4章

その敬語、流されすぎです

言葉は生き物、移りゆくもの。
そしてか弱く、頼りなきもの。
周りが使っているからと流されすぎるのは考えもの

「書類のほうをお送りします」

ほうほう、どっちの方角へ？

「書類のほうをお送りします」

頼んだのは書類だけなのに「書類のほう」とは？　他にも何か送ってくるのかと思わせる「……のほう」。敬語ではないのに、敬語のように考えられている節があります。

「会議室のほう、ご案内します」「お荷物のほう、お持ちしましょうか」「連絡のほう、取ってみます」「課長のほうに申し伝えます」「ミルクティのほう、お持ちしました」

ほうほう、最近は教育が行き届いて……と感心されることはまずない「……のほう」の大盛り。「お方《かた》」という語もあるように、かつて「方」の字は貴人を直接指すことを避ける意味で使われていました。しかし、だからといって、何でも盛ればよいというものでもありません。適切に使われてこそ、言葉は「効く」のです。

例えば、次の使い方は適切です。

- 右のほうへお進みください（道案内で方角を示す場面）
- 私のほうからご連絡いたします（電話をかけた相手に自分からかけ直す場面）
- 平田さんのほうを推薦します（複数の中から1名を推薦するよう言われて）
- 医療関係のほうに勤めています（仕事は何かと聞かれて）
- お体のほうはいかがですか（退院した人へのごきげん伺いをするとき）

実際に方角を示したり、複数の中から選んだりするほか、仕事や病気のことなどではっきり聞きにくかったりする場面で「……のほう」を使うのは適切です。

対して前半で挙げた例文の「……のほう」は過剰です。

「会議室へご案内します」「お荷物をお持ちしましょうか」「連絡を取ってみます」「課長に申し伝えます」「ミルクティをお持ちしました」のほうが適切。

ないほうが、よほど「ほうほう」と感心されるのではないでしょうか。

「こちらが焼き魚定食になります」

生魚がくるんかーい

「こちらが焼き魚定食になります」斜め上からこう聞こえて「生魚がくるんかい?」と思ったのも束の間、テーブルに置かれたのはすでにグリルで焼かれた魚。安堵しました。

「こちらが本日の内見資料になります」(不動産会社で)
「今私が立っている場所が○○の入り口になります」(報道で)

一時期「ファミコン用語」と話題になった「……になります」は、あっさりと業界の枠を超え、不動産業界や放送業界などにまで勢力を広げています。

とはいえ、「……になります」という用法の全てが間違いとは限りません。正しいケースもあれば、そうでないケースもあるのです。なぜなら、「なる(成る・為る)」は、「多義語」だからです。「変化して別の事物に至る」という意味以外にも多くの意味があります。

一部を挙げると左のような使い方は間違いではありません。（カッコ内は意味）
●雪が溶けると水になります（変化して別の事物に至る）
●脱税は犯罪になります（順当に考えると、それに相当する）
●お会計は880円になります（ある数量に達する）
●ここからの眺めは実に絵になります（ふさわしい価値が成立する）

例外もあります。ある時、テーブルに運ばれた生のハンバーグを自分で焼く店に行きました。「変化して美味しいハンバーグに至る」「順当に考えると確かにそれがハンバーグに相当する」、この二つの意味で「こちらがハンバーグになります」が奇しくも当てはまるケースを体験したのです。

対して、冒頭の三つは「……になります」を使う必然性がありません。傍線部の「になります」は「です（でございます）」のほうが自然です。

誤用例があると聞くと一様に間違いだと決めつけがちです。意味や場面に合っているかどうかをその都度、判断するようにしたいですね。

「……というふうに考えてございます」

「というふうに」で話をぼかさないで

「できるだけ早くと思って、今しばらくお時間をいただければと思っていますが、鋭意作業をして、できるだけ早くというふうに考えてございます」

もしもビジネスの場面で、営業担当者が得意先にこう発言したら、成約は一気に遠のいてしまうでしょう。内容もさることながら「……というふうに」「……てございます」が気になります。国会では、文字数をかせぐだけのような言葉が多すぎるのです。

「……についてご質問をいただいたというふうに考えてございます」
「実施することが可能であるというふうに認識してございます」
「しっかりと検討してまいりたいというふうに考えてございます」

特定の人物の言葉癖というよりも、伝統的な国会用語のようなものだと見受けられます。
もしそうだとしたら、流されすぎです。

「国語に関する世論調査」（令和元年度／文化庁）で「規則でそうなってございます」という表現について「気になる」という回答は81・5％でした。国民の大半が違和感を持っていることが分かります。

「ございます」は「あります」の丁寧語です。つまり、「規則でそうなってございます」の敬語を省くと「規則でそうなってあります」に戻ってしまうわけです。正しくは「います」の丁寧語「おります」を使い、「規則でそうなっております」とすべきです。

また、冒頭の「考えてございます」の前にある「というふうに」も国会で多用される表現のひとつ。バリエーションで「と、こういうふうに」もあります。「と」で済むところを「というふうに」とすれば、発言に時間もかかる上、焦点がぼやけます。

ちなみに冒頭の発言を口にしてみると13秒。要約し「できるだけ早くと考えております」とつぶやいてみたら、3秒もかかりませんでした。

言葉は思考をつくるもの。まだるっこしい表現や誤用、ぼかす表現が、国の政策をつくる場にふさわしいとは到底思えないのです。シンプルに言葉を使うほうが思考もクリアになり、議論も尽くせるに違いありません。

「お取り寄せできない形になっております」

それって一体、どんな形

「お取り寄せができない形になっております」

「後日あらためてご案内をさしあげる形になります」

こんなふうに「……できない形になっております」「形になります」と聞くと、思わず「それ、どんな形？　丸いの？　四角いの？」と言いたくなります。商品を取り寄せられないこと、何かをできないことを客に伝えるときなどによく使われている表現ですが、なぜこのような言い方なのか、不思議でなりません。


「形」とは、「形式やルール」という意味なのでしょう。仮にそうだとすれば、一つ目は「お取り寄せができない決まりになっている」という意味になります。言葉自体は丁寧ですが、客に対して有無を言わせぬ強さがあります。まるで言葉の防護服のよう。鎧《よろい》を脱《ぬ》ぎ捨てて、客に伝わる真摯《しんし》な表現にするにはどうすればよいでしょう。

その商品だけが取り寄せられないのか、お店として取り寄せを行っていないのかによって言い方が変わります。

「こちらは、お取り寄せが難しいお品です」

「あいにく私どもではお取り寄せを承っておりません」

「後日あらためてご案内をさしあげる形になります」も「後日あらためてご案内をさしあげます」で十分です。

また、即日配達ができないとしたら「即日配達できない形になっております」でなく「即日配達はできません」「即日配達は承っておりません」「即日配達は難しいです」などいくらでも無理のない答え方はあります。できないことをはっきり分かりやすく伝えることもサービスの一環なのです。

「こちらの商品はアトリエでも完売しており、お取り寄せできない商品でございます。申し訳ございませんが、どうぞご理解のほどよろしくお願いいたします」

冒頭に「恐れ入りますが」とクッション言葉を使ったり、「申し訳ございません」を最後に加えたりなどして、重い鎧を脱ぎ捨てましょう。

「ご注文の品はお揃いになりましたでしょうか」

お行儀のよい品々

飲食店で注文した料理が全てテーブルに運ばれたとき、よく耳にする言葉があります。

「ご注文の品はお揃いになりましたでしょうか」

こう聞かれて「はい」と笑顔で答える客の中には、もしかしたら次のように答えたい人もいるかもしれません。

「はい、お揃いになっていますとも。お料理の皆様、とてもお行儀よく、素敵にドレスアップしていらっしゃいます」。なぜそんなイメージが浮かぶかというと、冒頭の言葉と似たフレーズをどこかで聞いたような気がするからです。

「ご親族の皆様、お揃いになりましたでしょうか」

そう、これと似ています。「お揃いになる」は「揃う」の尊敬語。このように人を立てるのに使うならよいのですが、冒頭の言い方では、料理を立てているのです。

「ご注文の品は揃いましたでしょうか」
「ご注文の品は、以上でよろしいでしょうか」
などが無理のない言い方です。

飲食店やコンビニでの接客用語はマニュアル敬語として問題になったことがありました。マニュアル自体が悪いわけではありません。問題があるとしたら、指導する側が「これ以外の言葉を使わないように」と強いる点です。

コンビニでアルバイトする学生に「マニュアル敬語をどう思う?」と尋ねたことがあります。「助かります。その通りに話せばいいわけだから心強い」と返ってきました。敬語の使用に十分な自信がないとき、マニュアルは実に頼りになる味方なのです。

しかし、実際の場面はマニュアル以上に多様です。限られた言葉だけで乗り切れないことも起きるはず。となれば、指導する側は、過剰な制約を課すよりも「あくまで基本」とし、スタッフが持った違和感や疑問、改善案をまず共有すべきでしょう。そして見直しと更新です。現場の声を聞き、より時代に即した表現となるよう、頼りとされるマニュアルの精度を高めていくことが大切ですね。何事も、流されすぎは禁物です。

「牛乳を横にしてよろしかったでしょうか」

「よろしかったでしょうか」は、よろしいですか

以前ほどは聞かれなくなったこの言葉も、スーパーのレジなどでは健在です。「牛乳を横にしてよろしかったでしょうか」と聞かれたら、笑顔で「はい」と答えるようにしています。おかしな聞き方でも、とがめません。

こんな時「敬語も知らんのか」と烈火のごとく怒る人もいるそうですが、敬語の間違いをむきになって責め立てるのは、カスハラ（カスタマー・ハラスメント）に他なりませんよね。もっと言えば、その「よろしかったでしょうか」は、別の場面では正しいこともあるのです。

「よろしかったでしょうか」は、過去の物事について「よかったかどうか。よい状態であったか」と確認するときの改まった表現。この言葉だけを単独で取り上げて、誤用だとか間違った表現だと責めるのはお門違いなのです。

例えば、接客の場面で「お待たせしており、申し訳ございません。先ほどのご注文をもう一度確認させていただきたいのですが、ハンバーグ定食とホットコーヒーでよろしかったでしょうか」と確認するのは間違いではありません。

すでに決めた日程を確かめようと「次回ミーティングの日程を改めて確認いたしますが、明日の午後1時でよろしかったでしょうか」と尋ねるのも問題ありません。

では、どんな使い方が誤用になるのでしょうか。注文をその場ですぐ復唱するとき「コーヒーでよろしかったでしょうか」と尋ねるのは間違いです（◯コーヒーでよろしいでしょうか）。

また、営業の電話をかけて相手を確かめようと「奥様でよろしかったでしょうか」などと言おうものなら、「過去形でなく、今現在も妻ですけど」と電話の向こうから切り返されるかもしれません。「奥様でいらっしゃいますか」が自然です。

このように見ていくと、どんな場面でも無条件に使える万能の敬語などないことが分かります。違和感があれば、流されずに立ち止まること。そして、「今、ここで使うのは適切か」と考えるのが「よろしい」のでしょうね。

「こちらからはご乗車できません」

尊敬語の可能表現、どうつくる？

ん？　何か変だ。慣れない駅でホームへの降り口を探しているときに見た表示です。

「こちらからはご乗車できません」

別の入り口があったので無事乗り込めましたが、問題はその表現です。乗客に対して電車に敬意を払わせる言い方になってしまっているのです。同様の表現も挙げましょう。

×こちらからはご乗車できません↓◯ご乗車になれません
×会員の方はご利用できません↓◯ご利用になれません
×この問題、お答えられますか↓◯お答えになれますか
×この文字がお読めになりますか↓◯お読みになれますか

「お／ご……できる」は「お／ご……する」（謙譲語Ⅰ）の可能表現です。

「（私は）先方のご依頼にお応えします」を「（私は）先方のご依頼にお応えできます」のように話し手を低めて相手を高めるのが、「お／ご……できる」の使い方です。

先に挙げた表現の違和感は、どれも無理やり尊敬語として使っていることから起きるものです。可能表現の尊敬語は、「元の形↓可能形↓尊敬語」とするのではなく、「元の形↓尊敬語↓可能形」の順でつくります。

元の形 ↓ 尊敬語 ↓ 可能形

- 乗車する↓ご乗車になる↓ご乗車になれる
- 利用する↓ご利用になる↓ご利用になれる
- 答える↓お答えになる↓お答えになれる
- 読む↓お読みになる↓お読みになれる

どうでしょう。尊敬語にしてから可能形にする。これだけです。意外と簡単で、スムーズですよね。相手を主語にした「お／ご……できません（できます）」に違和感を持ったら、ぜひトライしてください。

「黙っててもらっていいですか」

頼みたいのに遠慮がちな人々

バラエティ番組でタレントが茶化し合いのようになったとき、よく聞かれる言葉です。「黙っててもらっていいですか」。「黙っていて」が口語で「黙ってて」となるのはいいとして、問題はその後。

「……（し）てもらってもいいか」を丁寧語にした「……（し）てもらっていいですか」の言い回しは、今やテレビの中だけでなく、職場・学校・街中でおなじみです。

もともと「……（し）てもらっていいですか」は、誰かに何かをしてもらいたいとき、次のように聞き手の許諾を求める場面で使います。

「店長、スタッフさんにもアンケートに答えてもらっていいですか」

「社長、記者の方に入ってもらってもいいですか」

しかし、昨今では相手の行動を促す場面で使う「……してください」に「……してもらっていいですか」が取って代わっているのです。

●飲食店の店長がスタッフに「2番テーブルに運んでもらっていいですか」

●中堅美容師が新人美容師に「○○様のシャンプーをしてもらっていいですか」

言われた側も「分かりました」と言いつつ、内心モヤモヤするでしょう。はっきり言えばいいのにと不快に感じたり、妙な距離を感じたりします。

仕事の場であれば変な気遣いなしに、はっきり指示するほうが相手も動きやすいはず。

「2番テーブルに運んでください」

「○○様のシャンプーをお願いします」

いたるところで聞かれる「……（し）てもらっていいですか」は、もはやただのありふれた依頼の表現になりつつあるのかもしれません。

そうなれば、教師が生徒に指示したいとき、「宿題をしてきてもらっていいですか」「テストに答えてもらっていいですか」とでも言うのでしょうか。どうかそんな日は「× 来ないでもらっていいですか」。

「袋は大丈夫ですか」

「大丈夫ですか」は大丈夫ですか

「袋は大丈夫ですか」

「はい、大丈夫です」

スーパーやコンビニで何かを買い、レジで支払う。この別段意識することなく繰り返す日常的な行動では、ふっと気を抜くと「あれ？　今のどういう意味？　大丈夫ですかは、大丈夫ですか？」と異世界にいる錯覚に陥ります。


「大丈夫ですか」のこのやりとりについて、コンビニでアルバイトをする人が「外国人客にも案外通じますよ」と教えてくれました。アニメ人気で日本語に興味を持ち、外国人の日本語学習者が増えているとは知っていますが、そこまで「大丈夫」が通じるとは驚きました。とはいえ、複数の意味に受け止められる恐れもあります。

●「レジ袋を買わなくても大丈夫ですか」（おそらく、この意味です）

●「あなたが手に持っているその袋で大丈夫ですか」
●「購入するなら、レジで用意しているこの袋で大丈夫ですか」
しばしの空白を経て「あ、要らないです」と答えました。

客を悩ませる聞き方は、トラブルの元。次の言い方ならイエスかノーで答えられます。

「袋は要りますか」

「袋はご入り用ですか」


TVドラマでも、上司に「今日、飲みにでも行くか」と誘われた部下が「大丈夫です」と返すやりとりがよくあります。「行かなくても大丈夫」なのか、「行っても大丈夫」なのか、「大丈夫」だけでは判然としません。面と向かって断ることを申し訳なく感じるため、あいまいな返事になるのでしょう。断りにくければ、クッション言葉という強い味方を思い出してください。

「せっかくですが、難しいです」

「あいにくですが、今日は帰ります」

やんわりはっきり断るのも、誘ってくれた相手への礼儀です。

「ご苦労さま」「お疲れさま」

目上でも目下でも「お疲れさま」が増えている

「また、その話？　正直、もう飽きたよ。目上には「お疲れさま」、目下には「ご苦労さま」。これでいいんでしょ」

まあ、そう投げやりにならないでください。もしかしたら、この続きは〝「ご苦労さま」がもともと目上に使う言葉だった〟という説よりも、耳寄りな情報かもしれません。

目上には「お疲れさま」、目下には「ご苦労さま」。敬語の本やインターネットの記事でよく書かれている使い分けです。私も記事にしたことがあります。しかし、最近の傾向を見ていると、そう単純に割り切れるものでもないようです。

「自分が会社員であるとして、同じ会社で同じ仕事を一緒にした人たちに対して、その仕事が終わったときに何という言葉をかけることが一番多いか」を尋ねた世論調査（平成

27年度・文化庁）があります。「お疲れ様（でした）」を、目上の人に対して使う人は全体の76・0％、目下の人に使う人は61・4％。「ご苦労様（でした）」を目下の人に使う人は28・4％と3割以下です。「お疲れ様（でした）」がかなり優勢ではありませんか。（※用字は調査のまま）

調査からは、目上・目下に関係なく「お疲れさま（でした）」が多いことが分かります。もしコンビニやカフェでアルバイトをしている人が近くにいたら、同じ質問をしてみてください。私が尋ねた若者は「ご苦労さまです」はほとんどバイト先で聞かれない、と教えてくれました。若者が多い職場では「お疲れさま」が主流である可能性もあります。

若者に迎合しようという意味ではありませんが、常に時代は変化していることの表れだと感じました。ともあれ一日の疲れをねぎらう挨拶は、次の日への大切なバトン。

「お疲れさまです。今日はアドバイスありがとうございました。お先に失礼いたします」

「お疲れさま。こちらこそありがとう。気をつけて帰ってください」

どんな言葉ならリフレッシュするでしょうか。そう考えれば、流されず、杓子定規《しゃくしじょうぎ》ではない言葉がきっと出てくるはずですね。

「お世話になっております」

何が何でも「よろしくお願いいたします」？

メールの慣習に流されすぎてはいないでしょうか。すでに知っている相手とのビジネスメールは「お世話になっております」で始まり、「よろしくお願いいたします」で終わるのが一般的です。私もそうすることは多いです。異論はありません。

ただし、一般的であることと、機会的にそれを行うことはイコールではありません。

その日最初のメールで「お世話になっております」だとしても、同じ日に返信を重ねるなら、２通目は「お世話になっております」とは返さないでしょう。

相手からの返信がすぐにあれば、「早速の返信ありがとうございます」と返します。「掲載のお知らせ」であれば、「掲載のお知らせありがとうございます」と返します。「拝見しました」と続けて、感想を述べることもあります。

また、前日会った相手であれば、「おはようございます。昨日はありがとうございました」から始めるでしょう。

これがもし、知らない相手に対してであれば「お世話になっております」は使えません。相手と、送る内容によって書き出しはいろいろ考えられますが、少なくとも、まだお世話にはなっていないからです。

結びも、毎回同じ「よろしくお願いいたします」ではありません。どのようによろしく、なのかと、「よろしく」の中味を考えます。確認してほしいときは「よろしくご確認くださいますようお願いいたします」。検討してほしいときは「ご検討の程よろしくお願いいいたします」。まだ案件が途中のときは「引き続きよろしくお願いいたします」。翌日会う約束があれば「明日は楽しみにしております」と結ぶでしょう。

まれに、メールのたびに「お世話になっております。○○と申します」と名乗る人もいます。実際に面識もあるのに、日に何度も「申します」と名乗られては、よそよそしいを通り越してはいないでしょうか。単に「○○です」を丁寧に言っているだけのつもりかもしれませんが、必要以上の距離感を与えることがあるため、要注意です。

大切なのは、相手の気持ちを考えること。思考停止に陥らず、送る内容を吟味し、想像力を働かせることです。顔が見えないからこそ、思いをはせて送りたいですね。

「ごゆっくりお買い回りください」

「買い回る」ってどういう意味？

買い物をしていると、次のような店内アナウンスがよく聞かれます。

「どうぞ、ごゆっくりお買い回りください」

その言葉があまりにも広く使われていると、深く考えることなく済ませることがあります。そういうものかと素直に受け入れ、「今、自分は買い回っているんだね」と思い込んでしまいます。

しかし、あるとき、ふと疑問が芽吹くのです。ここでも「買い物をするのと、買い回るのはどう違うの」と思いました。そこで「買い回る」を辞書で引くと……ない！

「買い回る」という言葉は、載っていません。ただ、「買回り品」は載っています。

〝**かいまわりひん【買回り品】**
耐久消費財・呉服のように、品質・価格などを顧客が十分に比較検討して買い求める商品。↔最寄り品（『広辞苑 第七版』）〟

この場合の買回り品は、普段スーパーなどで買う品のことではありませんよね。日常的に買う頻度の高い品は、すぐ近くにある「最寄り品」と呼ばれていることが分かります。対して「買回り品」は最寄りにはなく、他の店も見て回って検討する品という意味です。つまり、単独の店舗で買い回るという場合の「回る」とは、異なる意味の言葉です。

「買う」は文字通り「購入する」という意味。続く「回る」を調べてみます。意味が多く全てを載せきれませんが、次の意味が最も合いそうです。

〝**まわる【回る・廻る】**
③あちこちと歩く。次々とめぐって行き、全部に及ぶ。あまねくゆきわたる。
(『広辞苑 第七版』)〟


辞書に掲載がないまま俗用されている「買い回る」とは、「店内をあちこち回って買う」という意味だと推測できます。しかし、もしそうだとしたら「何もお店側から買い方まで言われなくても好きなようにさせてもらうよ」と感じるのではないでしょうか。

「ごゆっくりお買い物をお楽しみください」

これくらいが嫌みなく受け入れてもらえそうな言い方です。「買って回らなくちゃ」というプレッシャーを必要以上に与えずに済みますね。

「こちらが最近出たやつでございまして」

それは何ヤツ？　敬語のトーンを揃えよう

ショーケースを眺めていると、すぐ横からそれを説明する声がします。

「こちらは最近出たやつでございまして……」

幾度となく聞いた「やつ」という言葉には、今さらもう驚きません。それくらい「やつ」はさりげなく、たとえそれが接客の場面でも容赦なく乱入してくるのです。


日本語の文章には、揃えるべき「トーン」というものがあります。

例えばコーヒーは熱いのと冷たいのとどちらがいいか尋ねるとき、

「お茶は、熱いやつと冷たいやつとどちらがよろしいですか」はちぐはぐです。

なぜなら「やつ」は人・物・事をぞんざいに扱う語。商品を示すときの丁寧さでは、

「お品（丁寧）―商品／もの（ニュートラル）―やつ（ぞんざい）」

と最も下のレベルだからです。

丁寧に言いたいときは次の言い方が自然です。

「こちらは最近出た商品［お品］です」

「お茶は、熱いものと冷たいものとどちらがよろしいですか」

「熱いお茶と冷たいお茶とどちらがよろしいですか」


同じようなことが、「やる」でも起こります。トーク番組で司会者がゲストにこう尋ねるのを聞いたことがありませんか。

「お休みの日は何をやられてるんですか」

せっかく「お休み」と尊敬語を使っているのに、「やられて」が不釣り合いです。

「やる」は「する」の俗語で、左のように雑な印象です。

「なさる（丁寧）―する（ニュートラル）―やる（ぞんざい）」

「飲る・演る・遣る」など同音意義語も多い上、「好ましくないことをする」という意味まであります。

「お休みの日は何をなさっているのですか」とトーンを揃えると落ち着きます。

「明日はおいでになりますか」「伺いたいことが」

来ると言ったのに来ないとは？

「先生、明日はおいでになりますか」「ああ」「よかったです。伺いたいことがございまして……それでは明日、よろしくお願いいたします」「了解。明日ね、小木くん」

こんなやりとりの翌日。先生は自宅で小木くんを待っていましたが、小木くんが来ることはありませんでした。

架空の話ですが、こんなことが実際に起こらないとも限らないのが、言葉の取り違えというもの。「おいでになる」も「伺う」も複数の意味があり、厄介です。

まず、「おいでになる」は「来る・行く・いる（居る）」の尊敬語で、特定形です。三つも意味があります。また「伺う」にも「訪ねる・尋ねる・聞く」と三つの意味があり、同じく特定形です。「尋ねる」と「聞く」はやや似ていますが、「訪ねる」は全く違います。誤解を招くのも無理はありません。

冒頭の「先生、明日はおいでになりますか」。「小木くん」は先生に「明日は行くか」という意味で尋ねました。どこかでイベントでもあるのでしょう。ところが、先生は「明日は（自宅に）いるか」という意味に受け止めました。先生の短い「ああ」を「行く」と捉えた小木くんは「よかったです。先生が来られたら、そのときにお尋ねしたいことがあって」という意味で「伺いたいことがございまして」と返しました。ところが先生は「訪問したい件がある」という意味に受け止めて、ずっと待っていたのです。

会話にしては言葉数が少なすぎると思うかもしれませんが、LINEなどで「了解」を「り」と略す人もいる昨今、こんなすれ違いはありえるでしょう。

相手と自分、物事の重要度が必ず同じとは限りません。誤解を防ぐためには、前後の言葉を略さず、何について話しているか、正確に示すのが最善です。

- 明日はご自宅においでになりますか（「自宅にいるか」の意）
- 明日のイベントには、おいでになりますか（「行くか」の意）
- 何時頃、会場へおいでになりますか（「来るか」の意）

複数の意味を持つ言葉は、誤解の元です。その場の空気に流されず、心して使いましょう。

「とんでもありません」「とんでもございません」

条件反射で使うのは、流されすぎです

〝「とんでもない」は一語化した形容詞で切り離すことはできず、「とんでもございません」と使うことは本来できない。「とんでもないことでございます」とすべきである。しかし、慣用化により「とんでもございません」「とんでもありません」は定着している〟

現在「とんでもございません」について、このような認識が一般的です。「とんでもございません」ではなく「とんでもないことでございます」が正しい。しかし、それでは冗長な印象を与えるために、慣用的な表現として「とんでもありません」「とんでもございません」が許容されつつあるわけですね。

（言葉に関する書籍には、完全に一語化した形容詞であることに疑問を呈しているものもあります。注目に値する考え方だと思いますが、ここでは置いておきます）

ひとつ抵抗しておくと、「とんでもない」をひとまとまりの形容詞とみなすなら「いえ、とんでもない」とそのまま使うこともできます。言い切りが落ち着かないと感じたら、「いえ、とんでもない。そんなことはございません」ともう一文加えるのも手。「滅相《めっそう》もない。お恥ずかしいです」と同じ形です。誤用でも冗長でもなく、敬意も表せるのではないでしょうか。

話を戻して、今や「とんでもないことでございます」「とんでもございません」は、褒め言葉を軽く打ち消す返事として大勢を占めます。

しかし、「とんでもない」という言葉の正確な意味を把握した上で使うのでなければ、流されすぎだと言えるでしょう。

一つ目に「程度や常識を超えている」という意味があります。「とんでもない悪人だ」「とんでもない円安だ」のように、マイナスの意味で使われます。二つ目に「相手や他人の考えを強く否定して言う」という意味があります。「滅相もない」と同じです。「今になって断るとはとんでもない」のようにも使われます。

「とんでもないことでございます」「とんでもございません」と使う場合は、二つ目の意味です。両方とも、謙遜しつつも否定するという働きは変わらないわけですね。

こうなると、せっかく褒めてくれた相手の言葉を強く打ち消すということ自体が、相手を尊重する敬語の本質とずれているように感じられます。

それが、本当に思いがけないほど過分な褒めや申し出や贈答であったなら、「とんでもございません」はすんなり受け止められるでしょう。しかし、条件反射で単なる儀礼的な決まり文句として使ったなら、心ある相手にはそれが伝わってしまうでしょう。

それでは、どのように返せばよいでしょうか。ある店長がスタッフの働きぶりを客に褒められたとします。「とんでもございません」を否定はしませんが、素直に受け止めることも、客への感謝につながるはずです。

●「もったいないお言葉、ありがとうございます。スタッフも喜びます」
●「褒めていただき、ありがとうございます。うれしく存じます」

答えることとは、応えること。人の数だけ、場面の数だけ、気持ちの数だけ言葉はあるのです。

NOTE 4

改まり語

改まり語は敬語ではありませんが、話し手が改まって述べる表現で、準敬語とも呼ばれています。以下は「元の語↓改まり語」の順。

わたし↓わたくし
あっち↓あちら
こっち↓こちら
そっち↓そちら
少し↓少々・わずか
いま↓ただいま・今しがた・目下
これから↓今後
今度↓このたび・今回
前から↓かねがね・かねてより

いつも↓平素
今日↓本日
きのう↓昨日
あした↓明日（あす・みょうにち）
あさって↓明後日（みょうごにち）
おととい↓一昨日
夕べ↓昨夜
今年↓本年
去年↓昨年

おととし ↓ 一昨年
この間 ↓ 先日
この次 ↓ 次回
さっき ↓ 先ほど
もうすぐ ↓ まもなく
すぐに ↓ ただちに
後で ↓ 後ほど
どう ↓ いかが
どこ ↓ どちら
誰 ↓ どちら・どなた
どんな ↓ どのような
どれくらい ↓ いかばかり
もう一度 ↓ 再度

何回も ↓ たびたび・重ね重ね
すごく ↓ 非常に・大変
ちょっと ↓ 少々・わずか
いっぱい ↓ 多大な
何でも ↓ 何なりと
書く ↓ 記入する
謝る ↓ 詫びる・謝罪する
頼む ↓ 依頼する
作る ↓ 作成する
送る ↓ 送付する
いない ↓ 不在
配る ↓ 配布する
確かめる ↓ 確認する

参考文献（五十音順・副題省略・出版社名は発行時）

『頭がいい人の敬語の使い方』（本郷陽二監修／日本文芸社）
『頭が悪くみえる日本語』（樋口裕一著／青春出版社）
『「言いたいこと」から引ける敬語辞典』（西谷裕子編／東京堂出版）
『大人の語彙力 敬語トレーニング100』（本郷陽二著／日本経済新聞出版社）
『敬語』（菊地康人著／講談社）
『敬語再入門』（菊地康人著／講談社）
『広辞苑 第七版』（新村出編／岩波書店）
『国語に関する世論調査』（文化庁サイトより）
『「させていただく」の使い方』（椎名美智著／KADOKAWA）
『失礼な敬語』（野口恵子著／光文社）
『新・敬語論』（井上史雄著／NHK出版）
『そんな言い方ないだろう』（梶原しげる著／新潮社）
『「てにをは」からやりなおす日本語レッスン』（町田健著／技術評論社）
『出口汪の「好かれる！」敬語術』（出口汪著／SBクリエイティブ）
『バカ丁寧化する日本語』（野口恵子著／光文社）
『ほんとうの敬語』（萩野貞樹著／PHP研究所）
『明鏡国語辞典 第三版』（北原保雄編／大修館書店）
『問題な日本語』（北原保雄編／大修館書店）

いまを生きる

"青春新書"は昭和三一年に――若い日に常にあなたの心の友として、その糧となり実になる多様な知恵が、生きる指標として勇気と力になり、すぐに役立つ――をモットーに創刊された。

そして昭和三八年、新しい時代の気運の中で、新書"プレイブックス"にその役目のバトンを渡した。「人生を自由自在に活動《プレイ》する」のキャッチコピーのもと――すべてのうっ積を吹きとばし、自由闊達な活動力を培養し、勇気と自信を生み出す最も楽しいシリーズ――となった。

いまや、私たちはバブル経済崩壊後の混沌とした価値観のただ中にいる。その価値観は常に未曾有の変貌を見せ、社会は少子高齢化し、地球規模の環境問題等は解決の兆しを見せない。私たちはあらゆる不安と懐疑に対峙している。

本シリーズ"青春新書インテリジェンス"はまさに、この時代の欲求によってプレイブックスから分化・刊行された。それは即ち、「心の中に自らの青春の輝きを失わない旺盛な知力、活力への欲求」に他ならない。応えるべきキャッチコピーは「こころ涌き立つ"知"の冒険」である。

予測のつかない時代にあって、一人ひとりの足元を照らし出すシリーズでありたいと願う。青春出版社は本年創業五〇周年を迎えた。これはひとえに長年に亘る多くの読者の熱いご支持の賜物である。社員一同深く感謝し、より一層世の中に希望と勇気の明るい光を放つ書籍を出版すべく、鋭意志すものである。

平成一七年

刊行者　小澤源太郎

著者紹介
前田めぐる〈まえだ　めぐる〉
長年コピーライターとして生活者と企業のコミュニケーションにおける言葉を発想し続ける。近年は自治体・学校・団体向けのSNS活用・文章術講師として活動。危機管理士としても、言葉のリスクコミュニケーションについて伝える。敬語マニアでもあり、敬語の違和感についてまとめたブログ『ほどよい敬語』が好評。マイナビ系の情報サイトで執筆。著書に『この一冊で面白いほど人が集まるSNS文章術』『前田さん、主婦の私もフリーランスになれますか?』他。京都在住。Value Promotion 主宰。https://www.maedameguru.com

その敬語《けいご》、盛《も》りすぎです!　青春新書 INTELLIGENCE

2024年9月15日　第1刷

著　者　前《まえ》田《だ》めぐる

発行者　小澤源太郎

責任編集　株式会社プライム涌光
電話　編集部　03(3203)2850

発行所　東京都新宿区若松町12番1号 〒162-0056　株式会社青春出版社
電話　営業部　03(3207)1916　振替番号　00190-7-98602

印刷・中央精版印刷　製本・ナショナル製本

ISBN978-4-413-04702-9